KB084849

혼자서도 막힘없○ ... 거운 리딩!

바빠 초등

영어 리딩 2

이지스에듀

지은이 | 3E 영어 연구소, 김현숙

3E 영어 연구소는 Effective Educational Experiences의 약자로, 단순히 지식을 전달하는 것에 그치지 않고, 학습자가 지식을 흡수하는 과정까지 고려해 가장 효율적인 영어 학습 경험을 제공하기 위해 연구하는 이지스에듀 부설 연구소이다.

김현숙 선생님은 영어교육 석사 학위를 받고, 캐나다에서 TEFL 과정, 미국에서 TESOL 과정을 수료한 후, 10여 년 동안 NE능률과 동아출판사에서 영어 교재를 기획, 개발한 영어 학습 전문가이다. 리스닝튜터, 1316 독해, 리딩엑스퍼트, 빠른 독해 바른 독해 등 같은 초·중등 교재뿐 아니라, 고등 영어 교과서 개발에도 참여해, 최근 입시 영어 경향까지 잘 이해하고 있다.

현재는 초등학생을 위한 파닉스, 독해, 문법 강의를 하고 있고, 그동안의 영어 교재 개발과 강의 경험을 집대성해 이지스에듀에서 《바빠 초등 영어 리딩》 시리즈를 집필하였다.

감수 | Michael A. Putlack

미국의 명문 대학인 Tufts University에서 역사학 석사 학위를 받은 뒤 우리나라의 동양미래대학에서 20년 넘게 한국 학생들을 가르쳤다. 폭넓은 교육 경험을 기반으로 《미국 교과서 읽는 리딩》 같은 어린이 영어 교재를 집필했을 뿐만 아니라 《영어동화 100편》 시리즈, 《7살 첫 영어 - 파닉스》, 《바빠 초등 필수 영단어》, 《바빠 초등 영어 일기 쓰기》 등의 영어 교재 감수에 참여해 오고 있다.

혼자서도 막힘없이 술술 읽히는 쉽고 즐거운 리딩!

바빠 초등 영어 리딩 2 - Words 60

초판 1쇄 인쇄 2024년 8월 20일
초판 1쇄 발행 2024년 8월 26일
지은이 3E 영어 연구소, 김현숙　　　　　　　　　원어민 감수 Michael A. Putlack (마이클 A. 푸틀랙)
발행인 이지연
펴낸곳 이지스퍼블리싱(주)
출판사 등록번호 제313-2010-123호
주소 서울시 마포구 잔다리로 109 이지스 빌딩 5층(우편번호 04003)
대표전화 02-325-1722　　　　　　　　　　　　팩스 02-326-1723
이지스퍼블리싱 홈페이지 www.easyspub.com　　이지스에듀 카페 www.easysedu.co.kr
바빠 아지트 블로그 blog.naver.com/easyspub　　인스타그램 @easys_edu
페이스북 www.facebook.com/easyspub2014　　이메일 service@easyspub.co.kr

본부장 조은미　기획 및 책임 편집 이지혜 | 정지연, 박지연, 김현주　표지 및 내지 디자인 손한나　조판 김혜수
일러스트 김학수, Shutterstock　인쇄 보광문화사　독자 지원 박애림, 김수경
영업 및 문의 이주동, 김요한(support@easyspub.co.kr)　마케팅 라혜주

'빠독이'와 '이지스에듀'는 등록된 상품명입니다.
잘못된 책은 구입한 서점에서 바꿔 드립니다.
이 책에 실린 모든 내용, 디자인, 이미지, 편집 구성의 저작권은 이지스퍼블리싱(주)과 지은이에게 있습니다.
허락 없이 복제할 수 없습니다.

ISBN 979-11-6303-634-0
ISBN 979-11-6303-620-3(세트)
가격 14,000원

• **이지스에듀**는 이지스퍼블리싱(주)의 교육 브랜드입니다.
(이지스에듀는 학생들을 탈락시키지 않고 모두 목적지까지 데려가는 책을 만듭니다!)

"
펑펑 쏟아져야 눈이 쌓이듯, 공부도 집중해야 실력이 쌓인다.
"

영어 전문 명강사들이 적극 추천하는 '바빠 초등 영어 리딩'

리딩이 막막한 아이들에게 강력 추천!

아이들이 처음 독해를 시작할 때, 어휘와 기본 문법을 배웠더라도 막상 영어 지문을 읽으려면 막막함을 느낍니다. '바빠 초등 영어 리딩'은 그런 아이들이 수월하게 지문을 읽을 수 있도록 이끌어줍니다. 핵심 어휘로 어떻게 접근해야 지문을 더 빠르고 쉽게 해석할 수 있는지 독해를 위한 준비 과정과 접근법을 보기 쉽게 단 2장으로 정리해 놓은 최고의 교재입니다.

이은지 선생님
(주)탑클래스에듀아이 영어 강사

재미와 학습 효과, 모두 잡은 리딩 교재!

'바빠 초등 영어 리딩'은 아이들이 흥미를 가질만한 내용의 짧은 글을 통해 초등학생이 꼭 알아야 하는 필수 영어 단어와 문장을 학습할 수 있습니다. 핵심 단어를 먼저 학습한 후, 글을 읽기 때문에 더욱 쉽고 재미있게 읽을 수 있고, 문제 풀이와 끊어 읽기 연습을 통해 이해력을 높이는 동시에 영어 읽기 실력을 효과적으로 향상시킬 수 있습니다.

어션 선생님
기초 영어 강사, '어션영어 BasicEnglish' 유튜브 운영자

영어 독해 실력을 효율적으로 키워주는 책!

많은 글을 읽는 것도 도움되지만 너무 바빠서 시간도 에너지도 부족한 요즘 아이들을 위해, '바빠 초등 영어 리딩'은 초등 교과서 필수 단어를 지문 읽기 전에 미리 익히고 바로 써먹는 효율적인 공부법을 제시합니다. 또한 끊어 읽기와 직독 직해를 연습을 통해 영어의 느낌 그대로 읽으면서 읽기 속도도 더욱 빨라지게 됩니다.

클레어 선생님
바빠 영어쌤, 초등학교 방과 후 영어 강사

복습까지 탄탄한 교재!

리딩을 공부할 때 많은 단어와 문장을 만나게 되지만 실제로 완벽하게 소화할 수 있는 일은 드뭅니다. 하지만 '바빠 초등 영어 리딩'은 복습까지 세심하게 구성되어 있네요. Word Review와 받아쓰기를 하다 보면 핵심 단어와 문법이 저절로 반복되어 기억에 오래 남게 됩니다.

유혜빈 선생님
서울 윌링어학원 영어 강사

초등 필수 영단어와 학교 문법으로 시작하니
혼자서도 막힘없이 술술 읽을 수 있어요!

리딩을 "감"으로? 이제 정확하게 읽어야 할 때!

유아, 초등 저학년 시기에는 동화나 이야기책을 주로 상상하며 읽기 때문에 영어 리딩을 감으로 해도 괜찮습니다. 하지만 초등 고학년이 되어 학교 시험과 수능까지 대비하려면, 감으로 읽는 습관은 버려야 합니다. 시험에서는 정보와 지식이 풍성한 긴 지문을 정확하게 읽고, 정해진 시간 안에 문제까지 풀어내야 하기 때문이죠.

영어 시험에서 고득점을 바란다면 이제는 감이 아닌 단어와 문법을 근거로 삼는 리딩 습관을 만들어야 합니다. 〈바빠 초등 영어 리딩〉은 초등 필수 영단어와 문법을 리딩의 징검다리로 삼아, 한 개의 문장을 읽더라도 정확하게 읽는 리딩 실력을 키워 주는 교재입니다.

리딩이 쉬워지는 첫 번째 징검다리, 단어! 바로 배우고, 바로 소화해요!

리딩을 하려면 먼저 영단어를 알아야 합니다. 이 책은 초등학교 영어 교과서를 분석해 반드시 알아야 하는 필수 영단어를 수록했습니다. 유닛마다 새로운 핵심 단어 10개씩 익히고, 방금 익힌 단어를 바로 다음 페이지에 나오는 지문 속에서 발견하도록 설계해, 누구나 답답하지 않게 리딩을 시작할 수 있습니다.

리딩이 쉬워지는 두 번째 징검다리, 문법! 학교 문법 수준이면 문장이 읽혀요!

문법을 알면 문장을 정확히 읽는 데 도움이 됩니다. 이 책에 나오는 문장은 초등학교 영어 교과서 수준의 문법을 적용해 구성했습니다. 초등 과정에서는 다루지 않는 to부정사, 가정법, 관계대명사, 현재완료, 수동태 등이 섞인 문장은 과감하게 배제해, 학교 수업만 들은 친구들도 문장을 어렵지 않게 읽어 낼 수 있습니다. 또 You should, They can 같은 문형만 봐도 중심 문장을 바로 파악하는 훈련을 할 수 있어 효과적입니다.

리딩 스킬이 저절로 길러지는 끊어 읽기!

우리말 어순으로 바꿔 읽는 습관은 리딩 실력을 키우는 데에 방해가 됩니다. 영어는 문장 속 단어를 의미 단위로 끊고 직독직해를 해야 해석도 빠르고 영어식 이해력도 길러집니다.

이 책에서는 Chunk 코너를 통해 영어 어순에 맞게 문장을 읽는 직독직해를 연습합니다. 단어 덩어리 단위의 문법적 쓰임이 파악되면서 문장을 더 많이 이해하게 될 거예요.

자석처럼 마음을 끌어당기는 흥미진진한 비문학 지문들

아무리 좋은 내용이라도 재미있어야 지문을 읽고 싶은 마음이 생깁니다. 이 책에는 자석처럼 마음을 끌어당기는 흥미로운 이야기들이 가득합니다. 그중에서도 초등 고학년이 앞으로 많이 보게 될 정보와 지식이 풍부한 비문학과 친해지도록 교과서 연계 주제, 바빠 국어 독해 지문, 학교 공부에 필요한 배경지식 등의 지문을 골라 담았습니다.

또한 문제만 풀어도 저절로 지문이 파악되는 3단 문제 구성(중심 내용 — 세부 내용 — 서술형 대비)을 준비했습니다. 〈바빠 초등 영어 리딩〉 시리즈의 흥미진진한 지문으로 조금 더 즐겁게 비문학 리딩을 시작해 보세요.

망각이 일어나기 전에 진짜 내 실력으로 만들어 주는 똑똑한 복습 설계

독일 출신 심리학자인 에빙하우스의 망각 이론에 따르면, 방금 본 단어도 외운 지 10분 후부 터 망각이 일어나서 1일 후에는 70% 이상이 사라진다고 합니다. 모든 공부는 한 번에 이뤄지 지 않습니다. 탄탄한 리딩 습관을 키우기 위해서는 꼭 복습이 이뤄져야 합니다. 이 책에서는 앞에서 배운 지문의 내용이 자신도 모르게 여러 차례 복습이 이루어지도록 설계했습니다. 본 교재 학습이 끝난 후 Word Review와 받아쓰기까지 끝내고 나면, 많은 단어와 문장이 저절로 장기기억으로 넘어가 오래 기억할 수 있을 거예요!

초등 필수 영단어와 학교 문법으로 시작하는 즐거운 리딩! 매일 2장, 16일이면 완성되는 〈바 빠 초등 영어 리딩〉으로 시험에도 대비할 수 있는 진짜 리딩 실력을 키워 보세요.

TIP

'오늘부터 한 달 동안 이 책 한 권을 다 풀 거야!'라고 공개적으로 약속하면 끝까지 풀 확률이 높아진대요! 결심과 함께 책 사진을 찍어 친구나 부모님께 공유해 보세요!

오늘부터 리딩을 시작할 거야!

우아!

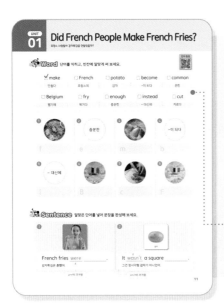

1단계 핵심 단어 공부하기

각 단어를 원어민 음성으로 3회씩 듣고 따라 말하면서 단어를 익혀요. 최소 2~3번 이상 반복하고 아래의 문제도 풀어요.

핵심 필수 단어 10개를 먼저 학습해요!

☑ make	☐ French	☐ potato	☐ become	☐ common
만들다	프랑스의	감자	~이 되다	흔한
☐ Belgium	☐ fry	☐ enough	☐ instead	☐ cut
벨기에	튀기다	충분한	~ 대신에	자르다

2단계 지문 읽기

교과서 주제에서 뽑은 이야기, 바빠 국어 독해 지문, 학교 공부에 필요한 다양한 배경지식 등 흥미진진한 지문을 읽어요.

Quiz로 지문 속 내용을 더 자세하게 이해해요!

Quiz
밑줄 친 them이 가리키는 것은 fries | fish | potatoes 이다.

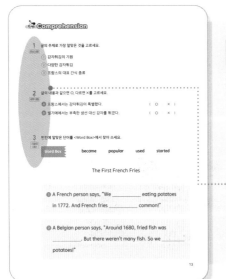

3단계 문제로 확인하기

중심 내용, 세부 내용, 서술형 대비, 총 3단계로 지문을 체계적으로 파악해요. 문제를 풀다 보면 내용이 더 깊게 이해될 거예요.

1 중심 내용   **2** 세부 내용   **3** 서술형 대비

문제를 풀다 보면 지문이 더 많이 이해돼요!

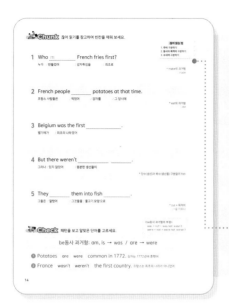

4단계 끊어 읽기 연습하기

끊어 읽기를 통해 직독직해를 연습해요. 주어와 동사뿐만 아니라 목적어, 보어 등 문법적 쓰임이 파악되면서 문장을 더 많이 이해하게 될 거예요.

영어식 어순으로 읽어요!

1 Who m_____ French fries first?
누가 / 만들었어 / 감자튀김을 / 최초로

1. 주어 구분하기
2. 동사와 목적어 구분하기
3. 수식어 구분하기

* make의 과거형
: made

5단계 받아쓰기로 마무리하기

각 단어를 원어민 음성으로 3회씩 듣고 따라 말하면서 단어를 익혀요. 최소 2~3번 이상 반복하고 아래의 문제도 풀어요.

＊들려주는 문장을 잘 듣고, 빈칸에 알맞은 단어를 써 보세요.

Who _____ _____ fries first?

빈칸을 채우다 보면 저절로 복습이 돼요!

원어민의 발음을 꼭 듣자!

QR코드를 이용해 단어와 지문을 여러 번 듣고 따라 하세요.
스마트폰에 QR코드 앱이 설치되어 있어야 합니다.
'바빠 공부단 카페'에서 MP3를 다운로드할 수도 있습니다.

🎧 **원어민 발음 음원 다운로드**

'바빠 공부단 카페'의 바빠 자료실에서
〈바빠 초등 영어 리딩〉을 검색하세요!

바빠 공부단 카페 www.easysedu.co.kr

| 바빠 공부단 | 검색 |

Contents

바빠 초등 영어 리딩 2 - Words 60

바빠 초등 영어 리딩 시리즈

<바빠 초등 영어 리딩 시리즈>는 단어의 수로 난이도를 수준을 나누어 총 3권으로 구성했습니다!
단어가 많을수록 난도가 올라가기 때문에 점차 실력이 쌓이는 것을 느낄 수 있을 거예요.

	바빠 초등 영어 리딩 1	바빠 초등 영어 리딩 2	바빠 초등 영어 리딩 3
교재	바빠 초등 영어 리딩 1 English Reading Words 50	바빠 초등 영어 리딩 2 English Reading Words 60	바빠 초등 영어 리딩 3 English Reading Words 70
단계	권장 시간: 2분 정도 지문 길이: 50단어 내외 단어 난이도: ★★☆☆☆ 내용 난이도: ★★☆☆☆	권장 시간: 2분 정도 지문 길이: 60단어 내외 단어 난이도: ★★★☆☆ 내용 난이도: ★★☆☆☆	권장 시간: 2분 정도 지문 길이: 70단어 내외 단어 난이도: ★★★☆☆ 내용 난이도: ★★★☆☆
추천 학습 대상	[영어 학습 2년 차] - 파닉스/사이트워드 완료 - 파닉스리딩 완료 - 3,4학년 영단어와 영문법 병행 학습 추천	[영어 학습 2년 차 이상] - 3,4학년 영단어와 영문법 완료 - 단어 학습 추가 진행 추천	[영어 학습 3년 차] - 5,6학년 영단어와 영문법 병행 학습 추천

PART 01 Food & Health

Did French People Make French Fries?

프랑스 사람들이 감자튀김을 만들었을까?

Word 단어를 익히고, 빈칸에 알맞게 써 보세요.

☑ make	☐ French	☐ potato	☐ become	☐ common
만들다	프랑스의	감자	~이 되다	흔한
☐ Belgium	☐ fry	☐ enough	☐ instead	☐ cut
벨기에	튀기다	충분한	~ 대신에	자르다

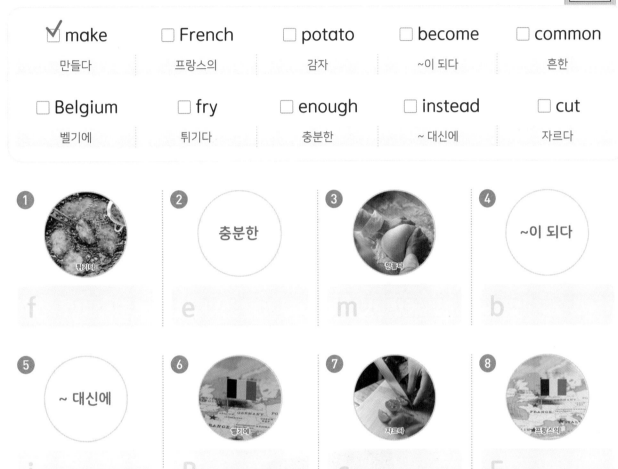

① 튀기다
f

② 충분한
e

③ 만들다
m

④ ~이 되다
b

⑤ ~ 대신에
i

⑥ 벨기에
B

⑦ 자르다
c

⑧ 프랑스의
F

Sentence 알맞은 단어를 넣어 문장을 완성해 보세요.

① 흔한

French fries were _____ .

감자튀김은 흔했어.

are의 과거형

② 감자

It wasn't a square _____ .

그건 정사각형 감자가 아니었어.

isn't의 과거형

11

Who **made** French fries first?

Some say France did in 1772.

French people ate **potatoes** at that time.

And French fries **became common**.

Others say **Belgium** was the first country.

Around 1680, **fried** fish was popular,

but there weren't **enough** fish.

So **Belgian** people used **potatoes instead**.

Belgians **cut** them into fish shapes and **fried** them.

Are French fries from France or **Belgium**?

who 누구
some 몇몇, 어떤 사람들
at that time 그때, 그 당시에
others 다른 사람들
fried 튀긴
from ~로부터, ~에서 나온(출처)

Quiz
밑줄 친 <u>them</u>이 가리키는 것은 (fries | fish | potatoes) 이다.

정답 potatoes

Comprehension

1 글의 주제로 가장 알맞은 것을 고르세요.

중심내용

① 감자튀김의 기원

② 다양한 감자튀김

③ 프랑스의 대표 간식 종류

2 글의 내용과 같으면 O, 다르면 X를 고르세요.

세부내용

ⓐ 프랑스에서는 감자튀김이 특별했다.　　　　　　(O | X)

ⓑ 벨기에에서는 부족한 생선 대신 감자를 튀겼다.　(O | X)

3 빈칸에 알맞은 단어를 <Word Box>에서 찾아 쓰세요.

서술형
대비

Word Box ⟩　　　became　　　popular　　　used　　　started

The First French Fries

---

❶ A French person says, "We _____ eating potatoes in 1772. And French fries _____ common!"

❷ A Belgian person says, "Around 1680, fried fish was _____. But there weren't many fish. So we _____ potatoes!"

끊어 읽는 법
1. 주어 구분하기
2. 동사와 목적어 구분하기
3. 수식어 구분하기

1 Who m_____ French fries first?

누가 / 만들었어 / 감자튀김을 / 최초로

* make의 과거형
: made

2 French people _____ potatoes at that time.

프랑스 사람들은 / 먹었어 / 감자를 / 그 당시에

* eat의 과거형
: ate

3 Belgium was the first _____.

벨기에가 / 최초의 나라였어

4 But there weren't _____ _____.

그러나 / 있지 않았어 / 충분한 생선들이

* 단수(생선)과 복수(생선들) 구분없이 fish

5 They _____ them into fish _____.

그들은 / 잘랐어 / 그것들을 / 물고기 모양으로

* cut + 목적어
: ~을 자르다

<be동사 과거형의 부정>
· was + not = was not, wasn't
· were + not = were not, weren't

Check 패턴을 보고 알맞은 단어를 고르세요.

be동사 과거형: am, is → was / are → were

❶ Potatoes (are | were) common in 1772. 감자는 1772년에 흔했어.

❷ France (wasn't | weren't) the first country. 프랑스는 최초의 나라가 아니었어.

Do You Drink or Eat Chocolate?
너는 초콜릿을 마시니, 먹니?

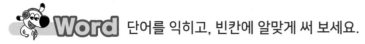 **Word** 단어를 익히고, 빈칸에 알맞게 써 보세요.

단어 음원

☐ seed	☐ grind	☐ put	☐ drink	☐ bitter
씨앗	갈다	넣다	마시다, 음료	(맛이) 쓴

☐ mysterious	☐ European	☐ name	☐ add	☐ hard
신비로운	유럽인	이름을 짓다	추가하다	단단한

① 갈다
g

② 신비로운
m

③ 마시다, 음료
d

④ (맛이) 쓴
b

⑤ 이름을 짓다
n

⑥ 추가하다
a

⑦ 넣다
p

⑧ 유럽인
E

Sentence 알맞은 단어를 넣어 문장을 완성해 보세요.

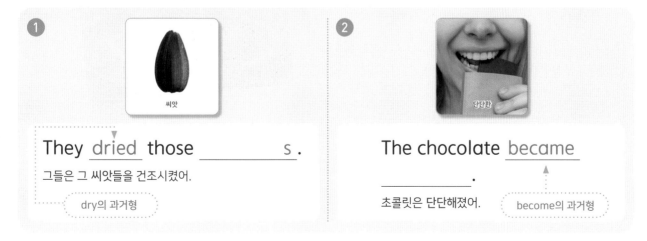

① 씨앗

They <u>dried</u> those _____ s .

그들은 그 씨앗들을 건조시켰어.

dry의 과거형

② 단단한

The chocolate <u>became</u>
_____.

초콜릿은 단단해졌어.

become의 과거형

15

Chocolate is from the **seeds** of the cacao tree.

Long ago, people in Mexico dried these **seeds**.

Then, the people **ground** them and **put** them in water.

And they **drank** it!

It was **bitter**, but people enjoyed this **mysterious drink**.

Later, **Europeans** loved it and **named** it chocolate.

This chocolate changed.

People **added** butter and sugar.

It became **hard** and sweet.

cacao tree 카카오나무
dry 건조시키다
water 물
change 달라지다, 바뀌다

Quiz

밑줄 친 <u>It</u>이 가리키는 것은 (butter | sugar | chocolate) 이다.

정답 chocolate

Comprehension

1 글의 주제로 가장 알맞은 것을 고르세요.

중심내용

① 최고의 초콜릿

② 초콜릿의 탄생

③ 초콜릿의 종류

2 글의 내용과 같으면 O, 다르면 X를 고르세요.

세부내용

ⓐ 초콜릿은 카카오나무의 씨앗으로 만든다. (O | X)

ⓑ 오래전 멕시코에서 만들어 마신 초콜릿은 달았다. (O | X)

3 빈칸에 알맞은 단어를 <Word Box>에서 찾아 쓰세요.

서술형
대비

Word Box   became   drank   named   dried

CHOCOLATE IN THE PAST

❶ Mexicans _____ the seeds of the cacao tree, ground them, and mixed them with water. And they _____ it!

▼

CHOCOLATE LATER

❷ Europeans _____ it chocolate. They added butter and sugar. Chocolate _____ hard and sweet.

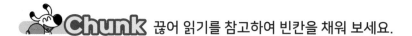

Chunk 끊어 읽기를 참고하여 빈칸을 채워 보세요.

끊어 읽는 법
1. **주어** 구분하기
2. **동사**와 **목적어** 구분하기
3. **수식어** 구분하기

1 Chocolate is from the s_____ of the cacao tree.

초콜릿은 / 카카오나무의 씨앗들에서 왔어

2 They _____ the seeds and _____ them in water.

그들은 / 갈았어 / 씨앗들을 / 그리고 넣었어 / 그것들을 / 물에

3 But people _____ this _____ drink.

그러나 / 사람들은 / 즐겼어 / 이 신비로운 음료를

* enjoy의 과거형
: enjoyed

4 Later, they _____ it chocolate.

나중에, / 그들은 / 이름을 지었어 / 그것을 / 초콜릿이라고

* name의 과거형
: named

5 It _____ _____ and sweet.

그것은 / 단단하고 달콤하게 되었어

* become의 과거형
: became

<일반동사 과거형(규칙)>
동사원형 + -(e)d

Check 패턴을 보고 알맞은 단어를 고르세요.

add → added / love → loved / enjoy → enjoyed / name → named

1 I (add | added) sugar to my drink. 나는 내 음료수에 설탕을 추가했어.

2 They (love | loved) this new dessert. 그들은 이 새로운 디저트를 정말 좋아했어.

Is a Fever a Good Sign?

열이 좋은 신호라고?

 Word 단어를 익히고, 빈칸에 알맞게 써 보세요.

 단어 음원

☐ healthy	☐ temperature	☐ fight	☐ against	☐ surround
건강한	온도	싸우다	~에 맞서	둘러싸다
☐ kill	☐ create	☐ fever	☐ weak	☐ win
죽이다	만들다	열	약한	이기다

1 싸우다
f

2 만들다
c

3 이기다
w

4 온도
t

5 ~에 맞서
a

6 둘러싸다
s

7 열
f

8 죽이다
k

Sentence 알맞은 단어를 넣어 문장을 완성해 보세요.

1

건강한

You look _____ these days.

너 요즘 건강해 보여.

2

약한

I feel _____ or tired.

난 약하거나 피곤하게 느껴져.

You feel good and look **healthy** now.

So your body **temperature** is around 36.5℃.

But you feel sick now.

Your body will get hot.

White blood cells in your body **fight against** germs.

<u>They</u> **surround** and **kill** germs.

And your body **creates** a **fever**.

Germs become **weak** due to high **temperatures**.

Your white blood cells and body are **winning** over germs together!

around 약, ~쯤
sick 아픈
white blood cell 백혈구
germ 세균
due to ~때문에
high 높은

Quiz

밑줄 친 <u>They</u>가 가리키는 것은 (white blood cells | germs) 이다.

정답 white blood cells

1 글의 제목으로 가장 알맞은 것을 고르세요.

중심내용

① 우리 몸의 적정 체온은 몇 도일까?

② 열이 무조건 나쁜 것은 아니야!

③ 열을 빠르게 내릴 수 있는 방법이 궁금해?

2 글의 내용과 같으면 ○, 다르면 ✕를 고르세요.

세부내용

ⓐ 백혈구는 세균에 맞서 싸우는 역할을 한다.　　　(○ | ✕)

ⓑ 세균은 높은 온도에서 더 강해진다.　　　(○ | ✕)

3 빈칸에 알맞은 단어를 <Word Box>에서 찾아 쓰세요.

서술형
대비

| Word Box | against | surround | temperature | fever |

I Feel Sick Now.

❶ Your body _____ will be higher than 36.5℃.

❷ White blood cells fight _____ germs.

❸ White blood cells _____ and kill germs.

❹ Your body creates a _____, and germs become weak.

1 You feel g_____ and look h_____ now.

너는 / 기분이 좋아　　　　/ 그리고 건강해 보여　　　　/ 지금

2 Your body will get _____.

너의 몸은　　/ 뜨거워질 거야

3 White blood cells in your body _____ _____ germs.

백혈구들은　　　　　/ 너의 몸 안에　　/ 맞서 싸워　　　　　/ 세균들과

4 White blood cells _____ and kill _____.

백혈구들은　　　　/ 에워싸서 죽여　　　　　/ 세균들을

5 Germs become _____ due to _____ temperatures.

세균들은 / 약해지게 돼　　　　　/ 높은 온도 때문에

Check 패턴을 보고 알맞은 단어를 고르세요.

<감각동사>
보고, 듣고, 냄새 맡고, 느끼는 감각을 나타내는 동사
· look 보다　　　· hear 듣다　　　· smell 냄새 맡다
· feel 느끼다　　· taste 맛보다

감각동사(feel/look) + 형용사 ~하게 느끼다 / ~하게 보이다

1 I feel (good | well) after a hot bath. 난 뜨거운 물에 목욕을 하고 나면 기분이 좋아.

2 She didn't look (happy | happily) at the hospital.

그녀는 병원에서 행복해 보이지 않았어.

Do You Know Food Pairing?

너는 음식 궁합을 아니?

Word 단어를 익히고, 빈칸에 알맞게 써 보세요.

단어 음원

☐ saying	☐ medicine	☐ go well	☐ while	☐ sweet potato
속담	약	잘 어울리다	반면에	고구마

☐ combination	☐ cause	☐ cucumber	☐ destroy	☐ though
조합	일으키다	오이	파괴하다	하지만

1 하지만
t

2 속담
s

3 오이
c

4 일으키다
c

5 반면에
w

6 파괴하다
d

7 잘 어울리다
g

8 고구마
s

Sentence 알맞은 단어를 넣어 문장을 완성해 보세요.

1

조합

These two make a good
_____.

이 두 가지는 좋은 조합이야.

2

약

Some took _____
while others didn't.

어떤 사람들은 약을 먹었고, 어떤 사람들은 먹지 않았어.

23

본문 음원

There is a **saying** "Let food be your **medicine**."

Healthy food is good for you.

But some foods **go well**

together **while** others <u>don't</u>.

For example, **sweet potatoes**

and apples make a good

combination.

Sweet potatoes cause gas, but apples can stop it.

However, don't eat carrots and **cucumbers**

together.

Carrots **destroy** the vitamin C in **cucumbers**.

Warm carrots are okay **though**. Phew!

gas 가스
apple 사과
stop 멈추다
carrot 당근
vitamin C 비타민C
warm 따뜻한
phew 후유(안도의 한숨)

Quiz

밑줄 친 <u>don't</u>가 가리키는 것은 (aren't healthy food | aren't a good match) 이다.

24

정답 aren't a good match

Comprehension

1 글의 제목으로 가장 알맞은 것을 고르세요.

중심내용

① 너에게 맞는 음식이 궁금해?

② 채소와 과일 모두 중요해!

③ 음식에도 좋은 궁합이 있어!

2 글의 내용과 같으면 O, 다르면 X를 고르세요.

세부내용

ⓐ 고구마와 사과는 잘 어울리는 음식이다.　　　(O | X)

ⓑ 익힌 당근은 오이의 비타민C를 파괴한다.　　　(O | X)

3 빈칸에 알맞은 단어를 <Word Box>에서 찾아 쓰세요.

서술형
대비

| Word Box | cause | destroy | go | helpful |

A Good Combination!

❶ Some foods _____ well together.

Sweet potatoes _____ gas, but apples can stop it.

Not a Good Idea!

❷ Some foods aren't _____ each other.

Cucumbers have vitamin C, but carrots can _____ it.

끊어 읽는 법
1. **주어** 구분하기
2. **동사**와 **목적어** 구분하기
3. **수식어** 구분하기

1 H_____ food is good for you.

건강한 음식은 　　　　　/ 좋아 　　/ 너에게

2 Some foods go _____ together _____ others don't.

어떤 음식들은 　/ 잘 어울려 　　　/ 함께 　　/ 반면에 　　/ 다른 것들은 / 그렇지 않아

3 The two make a good _____.

그 두 가지는 / 이뤄 　/ 좋은 조합을

4 _____ _____ _____ gas.

고구마는 　　　　　　　　　　　　　　/ 유발해 　　/ 가스를

5 Carrots _____ the vitamin C in cucumbers.

당근은 　　/ 파괴해 　　　　　　　/ 비타민C를 　　　/ 오이에 있는

Check 패턴을 보고 알맞은 단어를 고르세요.

some / others (여러 개 중에서) 일부는 / 또 다른 일부는

① (Some | Others) vegetables have a lot of vitamin C

while **②** (some | others) have vitamin A.

일부 채소는 많은 비타민C가 있는 반면에 또 다른 채소에는 비타민A가 있어.

 Word Review

빈칸에 단어의 뜻을 써 보세요.

UNIT 01

1	make	
2	French	
3	potato	
4	become	
5	common	
6	Belgium	
7	fry	
8	enough	
9	instead	
10	cut	

UNIT 02

1	seed	
2	grind	
3	put	
4	drink	
5	bitter	
6	mysterious	
7	European	
8	name	
9	add	
10	hard	

UNIT 03

1	healthy	
2	temperature	
3	fight	
4	against	
5	surround	
6	kill	
7	create	
8	fever	
9	weak	
10	win	

UNIT 04

1	saying	
2	medicine	
3	go well	
4	while	
5	sweet potato	
6	combination	
7	cause	
8	cucumber	
9	destroy	
10	though	

▶ 정답은 p11, p15, p19, p23를 참고하세요.

PART 02 Animals & Nature

Do You Take Showers, Insects?

곤충들아, 너희는 샤워를 하니?

 Word 단어를 익히고, 빈칸에 알맞게 써 보세요.

단어 음원

☐ insect	☐ wash	☐ clean	☐ sense	☐ surroundings
곤충	씻다	닦다, 청소하다	감지하다	환경
☐ dragonfly	☐ front	☐ cricket	☐ bite	☐ bee
잠자리	앞의	귀뚜라미	물다	벌

1
물다
b _____

2
환경
s _____

3
벌
b _____

4
귀뚜라미
c _____

5
감지하다
s _____

6
잠자리
d _____

7
앞의
f _____

8
닦다, 청소하다
c _____

Sentence 알맞은 단어를 넣어 문장을 완성해 보세요.

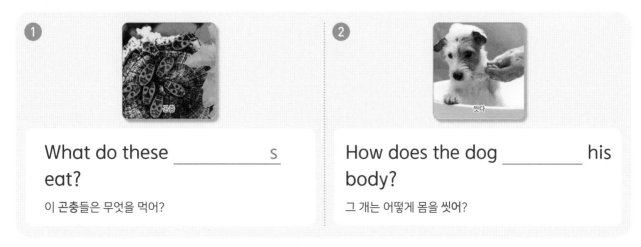

1

What do these _____ s
eat?

이 곤충들은 무엇을 먹어?

2
씻다

How does the dog _____ his
body?

그 개는 어떻게 몸을 씻어?

Insects wash their bodies.

What do they usually **clean**?

They **sense** their **surroundings** with their eyes and antennae.

So they often **clean** these parts.

So how do <u>they</u> **clean** their bodies?

Some **insects** use their legs or mouth.

For example, **dragonflies wash** their big eyes with their **front** legs.

Crickets bite their long antennae and **clean** them.

Bees use the hairs on their **front** legs and **wash** their antennae.

antenna 더듬이
(복수형은 antennae)
leg 다리
mouth 입
big 큰
long 긴
hair 털

Quiz

밑줄 친 <u>they</u>가 가리키는 것은 (bodies | insects | dragonflies) 이다.

정답 insects

Comprehension

1 글의 제목으로 가장 알맞은 것을 고르세요.

중심내용

① 곤충 몸의 구조

② 곤충이 씻는 방법

③ 곤충 더듬이의 역할

2 글의 내용과 같으면 O, 다르면 X를 고르세요.

세부내용

ⓐ 곤충은 다리를 가장 자주 씻는다.   (O | X)

ⓑ 잠자리는 앞다리로 눈을 씻는다.   (O | X)

3 빈칸에 알맞은 단어를 <Word Box>에서 찾아 쓰세요.

서술형
대비

| Word Box | hairs | front | bite | body |

❶ How do you wash your _____?

Dragonfly

❷ I wash my big eyes with my _____ legs!

Cricket

❸ I _____ my antennae and clean them!

Bee

❹ I use my _____ on my legs and wash my antennae!

31

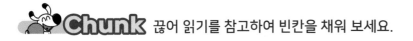

Chunk 끊어 읽기를 참고하여 빈칸을 채워 보세요.

끊어 읽는 법
1. **주어** 구분하기
2. **동사**와 **목적어** 구분하기
3. **수식어** 구분하기

1 They s_____ their s_____ with their eyes and antennae.

그들은 / 감지해 / 그들의 환경을 / 그들의 눈과 더듬이로

2 So they _____ _____ these parts.

그래서 / 그들은 / 자주 / 닦아 / 이 부분들을

3 Some _____ use their legs or _____.

어떤 **곤충들은** / 사용해 / 그들의 다리나 **입을**

4 Dragonflies _____ their big eyes with their _____ legs.

잠자리들은 / 씻어 / 그들의 큰 눈을 / 그들의 앞다리로

5 Crickets _____ their _____ antennae and clean them.

귀뚜라미들은 / 물어 / 그들의 긴 더듬이를 / 그리고 닦아 / 그것들을

Check 패턴을 보고 알맞은 단어를 고르세요.

무엇을 묻는 의문사 what / 방법을 묻는 의문사 how

1 [What | How] do bees wash their antennae? 벌들은 더듬이를 어떻게 씻어?

2 [What | How] do dragonflies usually clean? 잠자리들은 보통 무엇을 닦아?

The Amazing Transformation of Horses

말들의 놀라운 변화

Word 단어를 익히고, 빈칸에 알맞게 써 보세요.

단어 음원

☐ much	☐ toe	☐ forest	☐ due to	☐ climate
(비교급 앞) 훨씬	발가락	숲	~ 때문에	기후

☐ grassland	☐ enemy	☐ have to	☐ especially	☐ disappear
풀밭, 초원	적	~해야 한다	특히	사라지다

1 숲
f

2 ~ 때문에
d

3 훨씬
m

4 특히
e

5 ~해야 한다
h

6 사라지다
d

7 적
e

8 기후
c

Sentence 알맞은 단어를 넣어 문장을 완성해 보세요.

1
발가락

Their _____ s were much smaller .

그들의 발가락들은 훨씬 더 작았어.

small의 비교급

2
초원

The _____ s were bigger 10 years ago.

그 초원은 10년 전에는 더 컸어.

big의 비교급

33

Horses were **much** smaller and had many **toes**.

They lived in **forests**.

The **forests** became smaller **due to climate** change.

Horses moved to the **grasslands** and grew bigger.

But <u>they</u> had many **enemies**.

So horses **had to** run fast and far.

Their legs, and **especially** their middle **toes**, became stronger.

Their other **toes** got smaller and **disappeared**.

So now horses only have one **toe**!

horse 말
smaller 더 작은
move 이동하다
grow 자라다
bigger 더 큰
run 달리다
middle 가운데의
stronger 더 강한
(strong의 비교급)

Quiz
밑줄 친 <u>they</u>가 가리키는 것은 (horses | forests | grasslands) 이다.

정답) horses

Comprehension

1
중심내용

글의 주제로 가장 알맞은 것을 고르세요.

① 다양한 말의 종류

② 말 발가락의 변화

③ 말의 서식지와 천적

2
세부내용

글의 내용과 같으면 O, 다르면 ✕를 고르세요.

ⓐ 말은 예전에 발가락이 더 많이 있었다.　　　　　　　　　(O | ✕)

ⓑ 말은 도망치기 위해 빨리 달리면서 발가락 모양에 변화가 생겼다.　(O | ✕)

3
서술형
대비

빈칸에 알맞은 단어를 <Word Box>에서 찾아 쓰세요.

Word Box　　　bigger　　　stronger　　　far　　　disappeared

About Horses

❶ They were smaller and had many toes.

❷ They moved to grasslands and got _____.

❸ They ran fast and _____.

❹ Their legs and middle toes became _____.

❺ Their other toes _____. Now they have one toe!

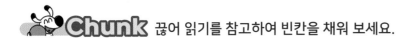
1 Horses were much s_____ and had many t_____.
말들은 / 훨씬 더 작았어 / 그리고 가지고 있었어 / 많은 발가락들을

2 The _____ became smaller due to _____ change.
숲들은 / 더 작아졌어 / 기후 변화 때문에

3 But they _____ many _____.
하지만 / 그들은 / 있었어 / 많은 적들이

4 They _____ to run fast and far.
그들은 / 달려야 했어 / 빠르고 멀리

5 Their _____ toes got smaller and _____.
그들의 다른 발가락들은 / 더 작아졌어 / 그리고 사라졌어

Check 패턴을 보고 알맞은 단어를 고르세요.

형용사의 비교급(형용사 + -er) 더 ~한
smaller 더 작은, **stronger** 더 강한, **bigger** 더 큰, **hotter** 더 뜨거운, **happier** 더 행복한

1 Their bodies were much (small | smaller). 그들의 몸은 훨씬 더 작았어.

2 Their legs became (strong | stronger). 그들의 다리는 더 강해졌어.

Word 단어를 익히고, 빈칸에 알맞게 써 보세요.

단어 음원

☐ group	☐ collect	☐ branch	☐ female	☐ male
무리	모으다	나뭇가지	여성의, 암컷의	남성의, 수컷의
☐ ground	☐ protect	☐ possible	☐ threat	☐ plant
땅	보호하다	가능한	위협	식물

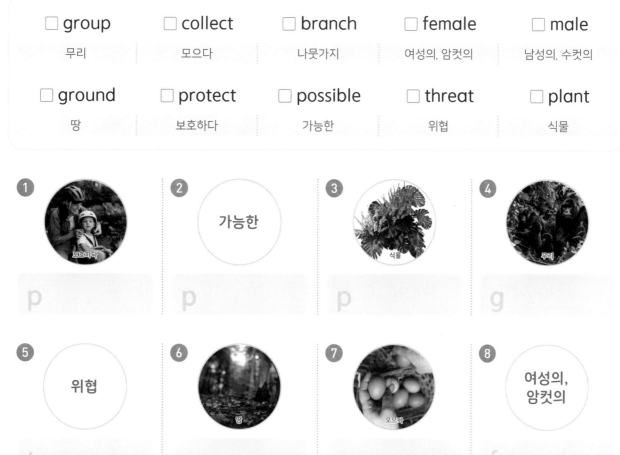

1 보호하다
p

2 가능한
p

3 식물
p

4 무리
g

5 위협
t

6 땅
g

7 모으다
c

8 여성의, 암컷의
f

Sentence 알맞은 단어를 넣어 문장을 완성해 보세요.

1 나뭇가지

They make beds with
_____ es in trees.

그들은 나무에 나뭇가지들로 침대를 만들어.

2 남성의, 수컷의

_____ gorillas sleep
on the ground.

수컷 고릴라들은 땅바닥에서 잠을 자.

Gorillas live in **groups** of about 10.

Gorillas **collect branches** and leaves every day and make beds.

Baby and **female** gorillas sleep in trees.

They can stay safe and warm.

Male gorillas sleep on the **ground**.

<u>They</u> **protect** their families from any **possible threats**.

Gorillas eat about 30 kg of food a day.

They eat mostly **plants** and sometimes bugs like ants and snails.

leaf 나뭇잎
(복수형은 leaves)
bed 침대
safe 안전한
warm 따뜻한
bug 벌레
ant 개미
snail 달팽이

Quiz

밑줄 친 <u>They</u>에 가리키는 것은 (baby | female | male) gorillas이다.

38

Comprehension

1 글의 제목으로 가장 알맞은 것을 고르세요.

중심 내용

① 고릴라는 어떻게 살고 있을까?

② 고릴라의 서열은 이렇게 정해!

③ 고릴라는 어떤 음식을 좋아할까?

2 글의 내용과 같으면 ○, 다르면 ✕를 고르세요.

세부 내용

ⓐ 고릴라는 모두 적을 피해 나무 위에서 잔다.　　　(　○　|　✕　)

ⓑ 고릴라는 주로 육식을 한다.　　　(　○　|　✕　)

3 빈칸에 알맞은 단어를 <Word Box>에서 찾아 쓰세요.

서술형 대비

> **Word Box**　　　Where　　　collect　　　How　　　plants

An Interview with a Gorilla Dad!

❶ Q: _____ do you make your beds?

A: We _____ branches and leaves for our beds.

❷ Q: _____ do you sleep?

A: Babies and moms sleep in trees. We sleep on the ground.

❸ Q: What do you eat?

A: We eat a lot of _____. Sometimes we eat bugs, too.

Chunk 끊어 읽기를 참고하여 빈칸을 채워 보세요.

끊어 읽는 법
1. **주어** 구분하기
2. **동사와 목적어** 구분하기
3. **수식어** 구분하기

1 Gorillas live in g_____ of a_____ 10.

고릴라들은 / 살아 / 약 10마리의 무리로

2 Gorillas _____ _____ and leaves every day.

고릴라들은 / 모아 / 나뭇가지들과 잎들을 / 매일

3 They can _____ _____ and warm.

그들은 / 지낼 수 있어 / 안전하고 따뜻하게

4 They _____ their family from any possible _____.

그들은 / 보호해 / 그들의 가족을 / 가능한 모든 위협들에 맞서

5 Gorillas eat about 30 kg of food _____ _____.

고릴라들은 / 먹어 / 약 30kg의 음식을 / 하루에

Check 패턴을 보고 알맞은 단어를 고르세요.

장소 전치사 in / on ~(안)에 / ~(위)에

❶ Male gorillas stay (in | on) the ground at night. 수컷 고릴라들은 밤에 땅에서 지내.

❷ There were many enemies (in | on) the forest. 많은 적들이 숲에 있었어.

40

Crickets: The Tiny Musicians of Fall

귀뚜라미: 가을의 작은 음악가들

Word 단어를 익히고, 빈칸에 알맞게 써 보세요.

단어 음원

☐ fall	☐ hear	☐ sound	☐ mid	☐ wing
가을	듣다	소리	중간의	날개

☐ rough	☐ outside	☐ bumpy	☐ rub	☐ each other
거친	바깥	오돌토돌한	문지르다	서로

1 소리
s

2 중간의
m

3 가을
f

4 바깥
o

5 오돌토돌한
b

6 서로
e

7 듣다
h

8 거친
r

Sentence 알맞은 단어를 넣어 문장을 완성해 보세요.

1 날개

The _____s are rough, aren't they?

날개들이 거칠어. 그렇지 않니?

2 문지르다

She doesn't _____ her hands, does she?

그녀는 손을 문지르지 않아. 그렇지?

41

On a **fall** night, what do you **hear**?

You may **hear** the **sound** of crickets.

You can **hear** it from **mid**-August to the end of October.

Inside their right front **wing**, there is a **rough** line.

And on the **outside** of their left front **wing**, there is a **bumpy** part.

These **wings** **rub** against **each other**.

This makes a **sound**!

It's just like playing the violin, isn't it?

night 밤
cricket 귀뚜라미
August 8월
October 10월
part 부분
play 연주하다
violin 바이올린

Quiz

밑줄 친 <u>These wings</u>의 특징이 <u>아닌</u> 것은 (rough | bumpy | spotty) 이다.

정답 spotty

Comprehension

1 글의 주제로 가장 알맞은 것을 고르세요.

중심내용

① 가을에 활동하는 곤충들

② 귀뚜라미의 생활

③ 귀뚜라미가 소리 내는 방법

2 글의 내용과 같으면 O, 다르면 ✕를 고르세요.

세부내용

ⓐ 귀뚜라미의 소리는 8월 초부터 들을 수 있다.   (O | ✕)

ⓑ 귀뚜라미의 날개 바깥쪽과 안쪽은 똑같이 생겼다.   (O | ✕)

3 빈칸에 알맞은 단어를 <Word Box>에서 찾아 쓰세요.

서술형
대비

Word Box	bumpy	rub	rough	crickets

❶ Inside the Right Front Wing

→ a _____ line

❷ Outside the Left Front Wing

→ a _____ part

❸ These wings _____ against each other.

❹ Then you can hear the sound of _____.

끊어 읽는 법
1. **주어** 구분하기
2. **동사**와 **목적어** 구분하기
3. **수식어** 구분하기

1 You m_____ h_____ the sound of crickets.

너는 / 들을 수도 있어 / 귀뚜라미들의 소리를

2 You can hear it _____ mid-August to the _____ of October.

너는 / 들을 수 있어 / 그것을 / 8월 중순부터 10월 말까지

3 Inside their right front _____, there is a _____ line.

그들의 오른쪽 앞날개 안쪽에 / 있어 / 거친 선이

4 _____ wings _____ against each other.

이 날개들은 / 비벼 / 서로

5 It's just like _____ the violin, _____ it?

그것은 / 연주하는 것 같아 / 바이올린을 / 그렇지 않아

Check 패턴을 보고 알맞은 단어를 고르세요.

내용을 재확인하는 부가의문문!

It is ~, isn't it? / It isn't ~, is it? ~이야, 그렇지 않아? / ~이 아니야, 그렇지?

❶ It's the sound of crickets, (is | isn't) it? 이건 귀뚜라미 소리야, 그렇지 않아?

❷ It isn't the front wing, (is | isn't) it? 이건 앞날개가 아니야, 그렇지?

Word Review

빈칸에 단어의 뜻을 써 보세요.

UNIT 05

1	insect	
2	wash	
3	clean	
4	sense	
5	surroundings	
6	dragonfly	
7	front	
8	cricket	
9	bite	
10	bee	

UNIT 06

1	much	
2	toe	
3	forest	
4	due to	
5	climate	
6	grassland	
7	enemy	
8	have to	
9	especially	
10	disappear	

UNIT 07

1	group	
2	collect	
3	branch	
4	female	
5	male	
6	ground	
7	protect	
8	possible	
9	threat	
10	plant	

UNIT 08

1	fall	
2	hear	
3	sound	
4	mid	
5	wing	
6	rough	
7	outside	
8	bumpy	
9	rub	
10	each other	

▶ 정답은 p29, p33, p37, p41를 참고하세요.

PART 03 Culture & the World

Midnight Grapes in Spain
스페인에서 자정의 포도

단어 음원

Word 단어를 익히고, 빈칸에 알맞게 써 보세요.

☐ last	☐ travel	☐ sell	☐ Spanish	☐ tradition
지난	여행하다	팔다	스페인의	전통

☐ bell	☐ midnight	☐ mean	☐ wish	☐ upcoming
종	자정(밤 12시)	의미하다	소원, 바람	다가오는

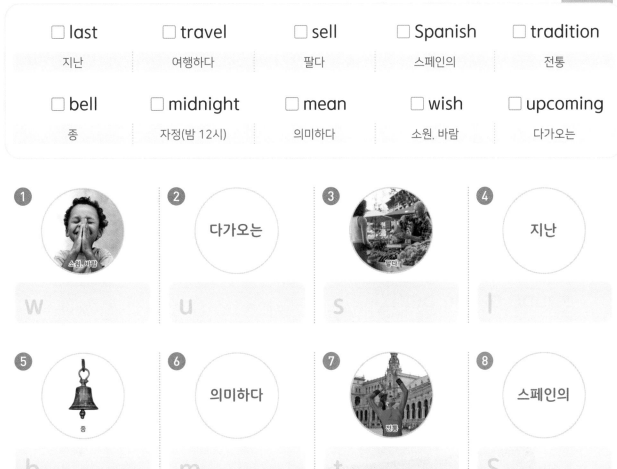

1 소원, 바람
w

2 다가오는
u

3 팔다
s

4 지난
l

5 종
b

6 의미하다
m

7 전통
t

8 스페인의
S

Sentence 알맞은 단어를 넣어 문장을 완성해 보세요.

1 여행하다

I _____ed to Spain for the Christmas holiday.

난 크리스마스 연휴에 스페인으로 여행을 갔었어.

2 자정(밤 12시)

I make a wish at _____ on December 31st.

나는 12월 31일 자정에 소원을 빌어.

47

Last December, I **traveled** to Barcelona.

Many people were **selling** special fruit cups.

There were 12 grapes in each cup.

My **Spanish** friends told me about their New Year's **tradition**.

<u>They</u> listen to the sound of 12 **bells** at **midnight** on New Year's Eve.

People eat the grapes one by one along with the sound of the **bell**!

Each grape **means** a **wish** for each month of the **upcoming** year.

December 12월
Barcelona 바르셀로나
special 특별한
fruit 과일
cup 컵
grape 포도
New Year's Eve 새해 전날

Quiz

밑줄 친 <u>They</u>가 가리키는 것은 (Spanish people | grapes) 이다.

(정답) Spanish people

Comprehension

1 글의 주제로 가장 알맞은 것을 고르세요.

중심내용

① 스페인의 특산품

② 스페인의 전통 요리

③ 스페인의 새해 풍습

2 글의 내용과 같으면 O, 다르면 X를 고르세요.

세부내용

ⓐ 스페인에서는 새해를 좋아하는 과일로 시작한다.　　　(O | X)

ⓑ 스페인에서는 새해 전야에 포도알을 하나씩 먹으며 소원을 빈다.　(O | X)

3 빈칸에 알맞은 단어를 <Word Box>에서 찾아 쓰세요.

서술형
대비

| Word Box | cup | grapes | bells | wish |

Carmen: ❶ Happy New Year! Here are some _____.

Hajun: ❷ Thank you. But what are these for?

Carmen: ❸ You'll hear the sound of 12 _____ soon.

Hajun: ❹ Oh, there are 12 grapes in the _____.
Now I see.

Carmen: ❺ Yes, make a _____ for each grape!

1 L_____ December, I t_____ _____ to Barcelona.

지난 12월　　　　　　　　/ 나는 / 여행을 갔어　　/ 바르셀로나로

2 _____ people were selling _____ fruit cups.

많은 사람들이　　　　　　/ 팔고 있었어　　/ 특별한 과일 컵들을

3 _____ _____ 12 grapes in each cup.

있었어　　　　　　　　　/ 12개의 포도알들이 / 각 컵에는

4 My _____ friends told me about their New Year's _____.

내 스페인 친구들이　　　　/ 내게 말해 줬어 / 그들의 새해 전통에 대해

5 _____ grape _____ a wish for each month of the upcoming year.

각각의 포도알은　　　/ 의미해　　/ 소원을　　/ 다가올 해의 각 달에 대한

Check 패턴을 보고 알맞은 단어를 고르세요.

시간 전치사 at + 시간(time) / on + 날짜(day, date) ~에

❶ You'll hear the sound of the bell (at | on) 12 o'clock.

넌 12시 정각에 종소리를 듣게 될 거야.

❷ My friend and I will go to Barcelona (at | on) Christmas.

내 친구랑 나는 크리스마스에 바르셀로나에 갈 거야.

50

Pyramids: Tombs of Ancient Kings

피라미드: 고대 왕들의 무덤

Word 단어를 익히고, 빈칸에 알맞게 써 보세요.

단어 음원

☐ tomb	☐ Egyptian	☐ believe in	☐ death	☐ mummy
무덤	이집트의, 이집트인	(~의 존재를) 믿다	죽음	미라

☐ spirit	☐ in front of	☐ statue	☐ human	☐ power
영혼, 정신	~의 앞에	조각상	인간의	힘, 권력

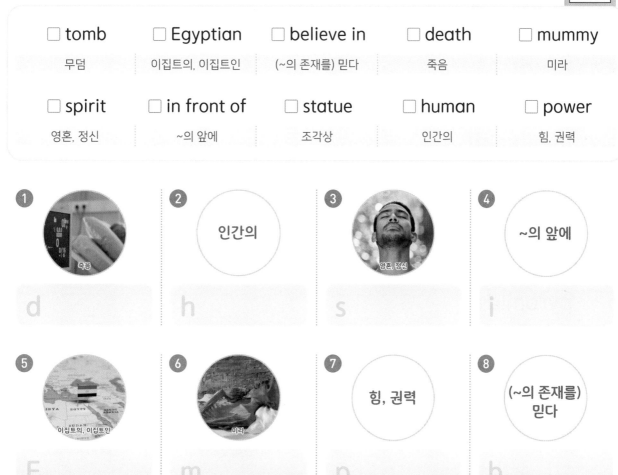

1. 죽음 — d
2. 인간의 — h
3. 영혼, 정신 — s
4. ~의 앞에 — i
5. 이집트의, 이집트인 — E
6. 미라 — m
7. 힘, 권력 — p
8. (~의 존재를) 믿다 — b

Sentence 알맞은 단어를 넣어 문장을 완성해 보세요.

1. 무덤

This huge _____ shows the king's power.

이 거대한 무덤은 왕의 권력을 보여 줘.

2. 조각상

Look at this _____ with a lion's body!

사자의 몸을 가진 이 조각상을 봐 봐!

Pyramids are **tombs** for **Egyptian** kings.

The **Egyptians believed in** another world after **death**.

So they made **mummies** and kept bodies safe for their **spirits**.

The pyramids kept the **mummies** of kings and queens.

And you can see the Sphinx **in front of** the pyramids.

It's a **statue** with a lion's body and a **human** head.

<u>It</u> shows the king's great **power**.

pyramid 피라미드
king 왕
queen 여왕
Sphinx 스핑크스
lion 사자
body 몸
head 머리
show 보여 주다

Quiz

밑줄 친 <u>It</u>이 가리키는 것은 (pyramid | Sphinx | tomb) 이다.

정답 Sphinx

Comprehension

1 글의 주제로 가장 알맞은 것을 고르세요.

중심내용

① 피라미드를 만들어 보자!

② 피라미드와 스핑크스가 대체 뭐야?

③ 스핑크스의 수수께끼를 알아?

2 글의 내용과 같으면 O, 다르면 X를 고르세요.

세부내용

ⓐ 이집트인들은 사후 세계를 믿었다.　　　　　(O | X)

ⓑ 스핑크스는 피라미드의 뒤에 세워졌다.　　　(O | X)

3 빈칸에 알맞은 단어를 <Word Box>에서 찾아 쓰세요.

서술형
대비

| Word Box | mummies | statue | power | tombs |

❶ Pyramids are _____ for kings in Egypt.

❷ The _____ of kings and queens were in the pyramids.

❸ You'll see a _____, the Sphinx, in front of the pyramids.

❹ It represents the great _____ of the king.

Chunk 끊어 읽기를 참고하여 빈칸을 채워 보세요.

1 Pyramids are t_____ for Egyptian k_____.

피라미드는 / 무덤이야 / 이집트 왕들의

2 The Egyptians _____ _____ another world after death.

이집트인들은 / 믿었어 / 다른 세계를 / 죽음 이후의

3 They kept bodies _____ for their _____.

그들은 / 지켰어 / 신체들을 / 안전하게 / 그들의 영혼들을 위해

4 You can see the Sphinx in _____ of the pyramids.

넌 / 볼 수 있어 / 스핑크스를 / 피라미드의 앞에서

5 It's a _____ with a lion's body and a _____ head.

그것은 / 조각상이야 / 사자의 몸과 인간의 머리를 한

Check 패턴을 보고 알맞은 단어를 고르세요.

> 명사의 소유격(~의): **명사's**
> 대명사의 소유격(~의): **my** 나의, **your** 너의, **his** 그의, **her** 그녀의, **their** 그들의, **our** 우리의, **its** 그것의

1 This statue represents the (king | king's) power. 이 조각상은 그 왕의 힘을 나타내.

2 Egyptians kept (his | their) spirits with mummies.

이집트인들은 미라들로 그들의 영혼들을 지켰어.

54

Chewy Delight: Turkish Ice Cream

쫀득한 즐거움: 튀르키예 아이스크림

Word 단어를 익히고, 빈칸에 알맞게 써 보세요.

☐ traditional	☐ Turkish	☐ frozen	☐ stretchy	☐ chewy
전통적인	튀르키예의, 튀르키예어	냉동된, 얼어붙은	늘어나는	쫄깃쫄깃한

☐ powder	☐ firm	☐ melt	☐ last	☐ up to
가루	단단한	녹다	지속되다	~까지

① 튀르키예의, 튀르키예어
T

② 지속되다
l

③ 전통적인
t

④ 냉동된, 얼어붙은
f

⑤ 쫄깃쫄깃한
c

⑥ 가루
p

⑦ ~까지
u

⑧ 녹다
m

Sentence 알맞은 단어를 넣어 문장을 완성해 보세요.

①
늘어나는

This ice cream can be as _____ as bubble gum.

이 아이스크림은 풍선껌만큼 늘어날 수 있어.

②
단단한

The cheese on this bread is as _____ as a rock.

이 빵에 있는 치즈는 바위처럼 단단해.

Dondurma is **traditional Turkish** ice cream.

It means "**frozen**" in **Turkish**.

It can stretch as long as your arm!

The secret is a resin from the mastic tree.

It makes ice cream **stretchy** and **chewy**.

And *salep* powder is another key.

This makes the ice cream **firm**, so it doesn't **melt** easily.

It can even **last up to** 3 days!

mean 의미하다, ~라는 뜻이다
as long as ~만큼 길게
arm 팔
secret 비밀
resin 진액
mastic tree 유향나무
even 심지어
salep 살렙

Quiz

밑줄 친 <u>It</u>이 가리키는 것은 [powder | resin | mastic tree] 이다.

정답 resin

Comprehension

1 글의 주제로 가장 알맞은 것을 고르세요.

중심 내용

① 튀르키예의 디저트 문화

② 튀르키예 아이스크림의 비밀

③ 튀르키예의 신기한 식재료

2 글의 내용과 같으면 ○, 다르면 ✕를 고르세요.

세부 내용

ⓐ 나무 진액 때문에 튀르키예 아이스크림이 잘 늘어난다.　　　(○ | ✕)

ⓑ 튀르키예 아이스크림은 최대 3시간까지 녹지 않는다.　　　(○ | ✕)

3 빈칸에 알맞은 단어를 <Word Box>에서 찾아 쓰세요.

서술형 대비

| Word Box | stretchy | melt | traditional | firm |

About *Dondurma*

❶ It is _____ Turkish ice cream.

❷ It is very _____ and chewy.

❸ It is also _____.

❹ It doesn't _____ easily!

1 It m_____ "frozen" i_____ Turkish.

그것은 / 의미해 / "언" / 튀르키예어로

2 It _____ stretch as _____ as your arm!

그것은 / 길게 늘어날 수 있어 / 너의 팔만큼

3 It _____ ice cream stretchy and _____.

그것은 / 만들어 / 아이스크림을 / 잘 늘어나고 쫄깃하게

4 And *salep* powder is _____ _____.

그리고 / 살렙 가루는 / 또 다른 비결이야

5 So it _____ _____ easily.

그래서 / 그것은 / 녹지 않아 / 쉽게

Check 패턴을 보고 알맞은 단어를 고르세요.

make 5형식 문장

make + A(목적어) + B(형용사 목적격 보어) A를 B하게 만들다

❶ **This powder** makes ice cream (firm | firmly). 이 가루는 아이스크림을 단단하게 만들어.

❷ **A resin from a tree** makes (stretchy it | it stretchy).

그 나무의 진액이 그것을 잘 늘어나게 해 줘.

The Journey of Our ABCs

우리 알파벳의 여행

Word 단어를 익히고, 빈칸에 알맞게 써 보세요.

□ sail	□ wood	□ record	□ type	□ amount
항해하다	나무, 목재	기록하다	형태	양
□ goods	□ letter	□ spread	□ Greece	□ Rome
상품	글자, 문자	퍼지다	그리스	로마

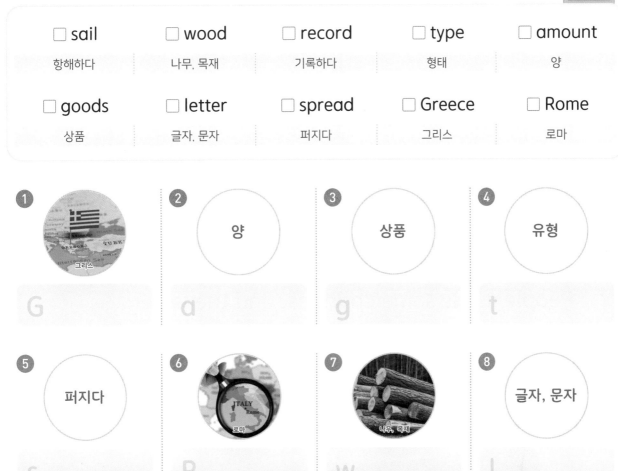

1 그리스
G

2 양
a

3 상품
g

4 유형
t

5 퍼지다
s

6 로마
R

7 나무, 목재
w

8 글자, 문자
l

Sentence 알맞은 단어를 넣어 문장을 완성해 보세요.

1 항해하다

They _____ed around the world and sold goods.

그들은 전 세계를 항해하면서 상품들을 팔았어.

2 기록하다

They _____ed the names and the numbers.

그들은 이름들과 번호들을 기록했어.

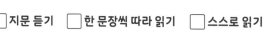
Phoenicia was a country in the Mediterranean Sea.

The Phoenicians **sailed** and sold things like **wood**, cloth, and glass.

They **recorded** the **types** and **amounts** of **goods**.

But the **letters** were too hard.

So the Phoenicians created 22 new **letters**.

<u>These</u> **spread** to **Greece** and then to **Rome**.

People made some changes, and the **letters** became the Roman alphabet.

This Roman alphabet is English **letters** today!

Phoenicia 페니키아
Mediterranean Sea 지중해
cloth 천
glass 유리
too 너무
hard 어려운
create 만들다

Quiz

밑줄 친 <u>These</u>가 가리키는 것은 (Roman alphabet │ 22 new letters) 이다.

정답 22 new letters

Comprehension

1 글의 제목으로 가장 알맞은 것을 고르세요.

중심 내용

① 영어 알파벳은 이렇게 탄생했어!

② 지중해 국가들은 어떤 언어들을 사용했을까?

③ 그리스 알파벳과 로마 알파벳의 차이가 궁금해?

2 글의 내용과 같으면 ○, 다르면 ✕를 고르세요.

세부 내용

ⓐ 페니키아인들은 항해를 하며 어업을 했다.　　　　　　　(○ | ✕)

ⓑ 페니키아인들은 상품을 쉽게 기록하기 위해 글자를 만들었다.　(○ | ✕)

3 빈칸에 알맞은 단어를 <Word Box>에서 찾아 쓰세요.

서술형 대비

| Word Box | difficult | sailed | recorded | letters |

❶ People in Phoenicia _____ around the sea.

❷ They sold things and _____ the goods.

❸ But it was not easy. The letters were too _____.

❹ So they made new _____.

❺ These new letters were the start of the alphabet today!

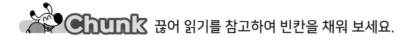

Chunk 끊어 읽기를 참고하여 빈칸을 채워 보세요.

1 Phoenicia w_____ a c_____ in the Mediterrancean Sea.
페니키아는   / 나라였어   / 지중해에 있는

2 They _____ the types and _____ of goods.
그들은 / 기록했어   / 상품의 유형들과 수량들을

3 But the _____ were _____ hard.
하지만 / 글자들이   / 너무 어려웠어

4 So the Phoenicians created 22 _____ letters.
그래서 / 페니키아인들은   / 만들었어   / 새로운 글자 22개를

5 _____ _____ to Greece and then to Rome.
이것들은   / 퍼졌어   / 그리스로   / 그리고 나서 로마로

Check 패턴을 보고 알맞은 단어를 고르세요.

<등위접속사 and>
그리고, ~와

동사 and 동사 / 명사 and 명사 / 형용사 and 형용사 / 문장 and 문장

① They (sailed | sailing) and sold many things. 그들은 항해하면서 많은 것들을 팔았어.

② The letters were too tricky and (difficult | difficulty).
그 글자들은 너무 복잡하고 어려웠어.

Word Review

빈칸에 단어의 뜻을 써 보세요.

UNIT 09

1	last
2	travel
3	sell
4	Spanish
5	tradition
6	bell
7	midnight
8	mean
9	wish
10	upcoming

UNIT 10

1	tomb
2	Egyptian
3	believe in
4	death
5	mummy
6	spirit
7	in front of
8	statue
9	human
10	power

UNIT 11

1	traditional
2	Turkish
3	frozen
4	stretchy
5	chewy
6	powder
7	firm
8	melt
9	last
10	up to

UNIT 12

1	sail
2	wood
3	record
4	type
5	amount
6	goods
7	letter
8	spread
9	Greece
10	Rome

▶ 정답은 p47, p51, p55, p59를 참고하세요.

PART 04 Life & Environment

Go Camping without a Tent!

텐트 없이 캠핑 가자!

Word 단어를 익히고, 빈칸에 알맞게 써 보세요.

☐ style	☐ outdoors	☐ comfort	☐ ordinary	☐ bed
유형, 형태	야외, 전원	편안, 안락	보통의, 일상의	침대

☐ kitchen	☐ bathroom	☐ electricity	☐ Internet	☐ site
주방	화장실	전기	인터넷	장소, 위치

① 장소, 위치
s

② 유형, 형태
s

③ 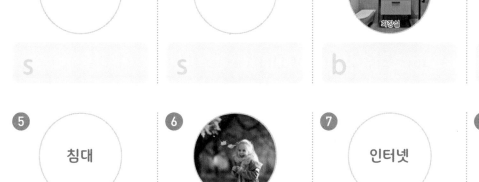 화장실
b

④ 편안, 안락
c

⑤ 침대
b

⑥ 야외, 전원
o

⑦ 인터넷
l

⑧ 보통의, 일상의
o

Sentence 알맞은 단어를 넣어 문장을 완성해 보세요.

①  전기

This camping car needs more _____ than yours.

이 캠핑카는 네 것보다 더 많은 전기가 필요해.

② 주방

The _____ is cleaner than my room.

그 주방이 내 방보다 더 깨끗해.

Glamping is a new **style** of camping.

<u>The word</u> is a combination of "glamorous" and "camping."

You will sleep in the great **outdoors** just like traditional camping.

But you will have more **comfort** than an **ordinary** tent.

There are a clean **bed**, a **kitchen**, and a **bathroom**.

And you can use **electricity** and the **Internet** at most glamping **sites**.

So what do you say to glamping?

new 새로운
camping 캠핑
combination 조합
glamorous 화려한
clean 깨끗한

Quiz

밑줄 친 <u>The word</u>가 가리키는 것은 (camping | glamping | tent) 이다.

정답 glamping

Comprehension

1 글의 제목으로 가장 알맞은 것을 고르세요.
중심내용

① 캠핑에 관한 모든 것!

② 몸도 마음도 편안한 새로운 캠핑!

③ 좋은 캠핑 장소를 고르는 비법!

2 글의 내용과 같으면 O, 다르면 X를 고르세요.
세부내용

ⓐ 글램핑은 일반 캠핑과 달리 실내에서 취침한다. (O | X)

ⓑ 글램핑장에서 전기는 안전상의 이유로 대부분 사용이 불가하다. (O | X)

3 빈칸에 알맞은 단어를 <Word Box>에서 찾아 쓰세요.
서술형
대비

| Word Box | Use | outdoors | Internet | Glamorous |

★ Glamping ★

❶ _____ + Camping

❷ Sleep in the great _____

❸ Able to _____ electricity

❹ Able to use the _____

❺ Have a bed, a kitchen, and a bathroom

* able to ~할 수 있는

1 The w_____ is a c_____ of "glamorous" and "camping."

그 단어는 / 조합이야 / '화려한'과 '캠핑'의

2 You will sleep in the great _____ just like _____ camping.

너는 / 잘 거야 / 멋진 야외에서 / 전통적인 캠핑처럼

3 You will have more _____ than an _____ tent.

너는 / 가지게 될 거야 / 더 많은 편안함을 / 일반적인 텐트보다

4 There are a _____ bed, a kitchen, and a _____.

있어 / 깨끗한 침대, 주방, 그리고 화장실이

5 You can use electricity and the Internet at most glamping _____.

너는 / 사용할 수 있어 / 전기와 인터넷을 / 대부분의 글램핑 장소들에서

Check 패턴을 보고 알맞은 단어를 고르세요.

more A(명사) than ~보다 더 많은 A

1 You'll have more (fun | funny) than ordinary camping.

일반적인 캠핑보다 더 즐거울 거야.

2 A hotel offers more (comfort | comfortable) than a guesthouse.

호텔은 게스트 하우스보다 더 편안함을 제공해.

We Want Dark Skies at Night!

우리는 밤에 어두운 하늘을 원해!

 Word 단어를 익히고, 빈칸에 알맞게 써 보세요.

단어 음원

☐ streetlight	☐ sign	☐ pollution	☐ environmental	☐ issue
가로등	표지판, 간판	오염	환경적인	문제
☐ affect	☐ turtle	☐ confuse	☐ lead	☐ road
영향을 끼치다	거북	혼란시키다	이끌다	도로

① 거북
t

② 문제
i

③ 가로등
s

④ 영향을
끼치다
a

⑤ 이끌다
l

⑥ 도로
r

⑦ 환경적인
e

⑧ 혼란시키다
c

 Sentence 알맞은 단어를 넣어 문장을 완성해 보세요.

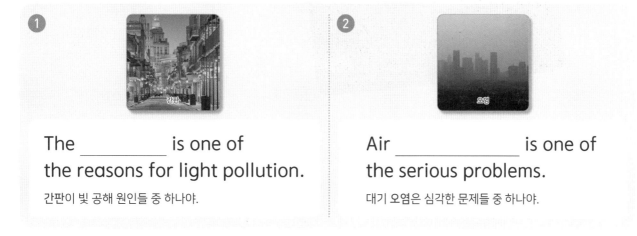

①
간판

The _____ is one of
the reasons for light pollution.

간판이 빛 공해 원인들 중 하나야.

②
오염

Air _____ is one of
the serious problems.

대기 오염은 심각한 문제들 중 하나야.

It's midnight, but it's still bright outside.

There are many **streetlights** and outdoor **signs**.

They are light **pollution**.

It's one of today's **environmental** problems.

People have sleeping problems and other health **issues**.

<u>It</u> also **affects** animals.

For example, baby sea **turtles** find their way to the ocean.

They use moonlight or starlight.

But city lights can **confuse** them, **lead** them to city **roads**, and kill them.

midnight 자정
bright 밝은
problem 문제
animal 동물
find 찾다
moonlight 달빛
starlight 별빛

Quiz

밑줄 친 <u>It</u>이 가리키는 것은 (midnight | light pollution | health issue) 이다.

정답 light pollution

Comprehension

1 글의 제목으로 가장 알맞은 것을 고르세요.

중심내용

① 도시의 여러 환경 문제들

② 빛 공해의 문제점

③ 멸종 위기 바다 생물들

2 글의 내용과 같으면 O, 다르면 X를 고르세요.

세부내용

ⓐ 야간 도시 불빛은 수면 장애를 불러 일으킨다.　　　(O ｜ X)

ⓑ 아기 바다거북에게 도시 불빛은 도움이 되기도 한다.　(O ｜ X)

3 빈칸에 알맞은 단어를 <Word Box>에서 찾아 쓰세요.

서술형
대비

Word Box　　　pollution　　　ocean　　　affects　　　signs

❶ Streetlights and outdoor _____ at night cause light _____.

❷ It _____ people's sleep and their health conditions.

❸ It can also be harmful to animals.

❹ For instance, it confuses baby sea turtles, so they can't find their way to the _____.

1 It's m_____, but it's still b_____ outside.
자정이야 / 그러나 / 여전히 밝아 / 바깥은

2 There are many _____ and outdoor _____.
있어 / 많은 가로등들과 옥외 간판들이

3 It's _____ of today's _____ problems.
그것은 / 하나야 / 오늘날의 환경 문제들 중

4 Baby sea turtles _____ their way to the _____.
아기 바다거북들은 / 찾아 / 그들의 길을 / 바다로 가는

5 City lights can _____ them and _____ them to city roads.
도시 불빛들은 / 혼란스럽게 할 수 있어 / 그들을 / 그리고 이끌 수 있어 / 그들을 / 도시의 도로로

Check 패턴을 보고 알맞은 단어를 고르세요.

one of + 복수명사 ~들 중 하나

❶ Light pollution is one of the serious (issue | issues) these days.
빛 공해는 최근 심각한 문제들 중 하나야.

❷ Air pollution is one of the key environmental (problem | problems).
대기 오염은 핵심 환경 문제들 중 하나야.

Go Green with the 5 R's!

5R로 친환경적이 되자!

 Word 단어를 익히고, 빈칸에 알맞게 써 보세요.

단어 음원

☐ refuse	☐ plastic bag	☐ reduce	☐ packaging	☐ reuse
거절하다	비닐봉지	줄이다	포장, 포장지	다시 쓰다, 재활용하다
☐ container	☐ recycle	☐ trash	☐ recyclable	☐ rot
용기, 그릇	재활용하다	쓰레기	재활용 가능한	썩히다

1. 다시 쓰다, 재활용하다

r

2. 용기, 그릇

c

3. 줄이다

r

4. 비닐봉지

p

5. 재활용 가능한

r

6. 썩히다

r

7. 재활용하다

r

8. 거절하다

r

 **Sentence** 알맞은 단어를 넣어 문장을 완성해 보세요.

1

포장, 포장지

Which _____ is the lightest?

어떤 포장지가 가장 가벼운가요?

2

쓰레기

Ocean _____ is one of the biggest problems.

해양 쓰레기는 가장 큰 문제들 중 하나야.

Do you know the 5 R's for the environment?

Let's check them out.

1. **Refuse**: Say no to straws and **plastic bags**.

2. **Reduce**: Buy less and buy things with less **packaging**.

3. **Reuse**: **Reuse** glass and plastic **containers**.

4. **Recycle**: About 70% of all **trash** is **recyclable**.

5. **Rot**: Food waste can be useful as animal food or fertilizer.

Which <u>R</u> looks the easiest to you?

Try that one today!

check out 확인하다
straw 빨대
buy 사다
thing 물건
less 더 적은
glass 유리
food waste 음식물 쓰레기
fertilizer 비료

Quiz

밑줄 친 <u>R</u>에 해당되지 <u>않는</u> 것은 reuse ┃ recycle ┃ remake 이다.

정답 remake

Comprehension

1 글의 주제로 가장 알맞은 것을 고르세요.

중심내용

① 재활용품의 다양한 쓰임

② 일회용품 사용을 줄일 수 있는 방법

③ 환경 보호를 위한 다섯 가지 방법

2 글의 내용과 같으면 ○, 다르면 ✕를 고르세요.

세부내용

ⓐ 불필요한 물건을 사지 않는 것이 Refuse이다.   (○ | ✕)

ⓑ 버려지는 쓰레기 중 재활용 가능한 것이 많다.   (○ | ✕)

3 빈칸에 알맞은 단어를 <Word Box>에서 찾아 쓰세요.

서술형 대비

Word Box   packaging   trash   Refuse   containers

❶ _____ : I don't need plastic bags!

❷ **Reduce:** I don't buy things with too much _____!

❸ **Reuse:** I don't throw away plastic _____.
I use them again!

❹ **Recycle:** I sort _____ like cans, plastic, and paper.

❺ **Rot:** Food waste can be useful, too!

1 Say _____ to straws and p _____ bags.

거절해라 / 빨대들과 비닐봉지들을

2 Buy _____ and buy things with less _____.

덜 사라 / 그리고 / 사라 / 물건들을 / 포장이 덜 되어 있는

3 _____ glass and plastic _____.

재사용해라 / 유리와 플라스틱 용기들을

4 _____ _____ can be used as animal food or fertilizer.

음식물 쓰레기는 / 될 수 있어 / 동물의 음식이나 비료로

5 _____ R looks the _____ to you?

어떤 R이 / 가장 쉬워 보이니 / 너에게

Check 패턴을 보고 알맞은 단어를 고르세요.

형용사의 최상급(the 형용사 + -est) 가장 ~한
the easiest 가장 쉬운, **the nicest** 가장 좋은, **the biggest** 가장 큰, **the hardest** 가장 힘든

❶ Can you recommend the (easier | easiest) recycling way?

가장 쉬운 재활용 방법을 추천해 줄 수 있니?

❷ Rot looks the (hard | hardest) to me. '썩혀라'가 나에게는 가장 어려워 보여.

Are Earphones Necessary?

이어폰은 필수야?

🐶 **Word** 단어를 익히고, 빈칸에 알맞게 써 보세요.

☐ wireless	☐ earphone	☐ accessory	☐ convenient	☐ take a break
무선의	이어폰	액세서리. 장신구	편리한	휴식을 취하다
☐ without	☐ conversation	☐ focus	☐ relationship	☐ all the time
~이 없이	대화	집중하다	관계	항상

1 액세서리, 장신구
a

2 집중하다
f

3 휴식을취하다
t

4 편리한
c

5 항상
a

6 무선의
w

7 이어폰
e

8 ~이 없이
w

🐶 **Sentence** 알맞은 단어를 넣어 문장을 완성해 보세요.

1 대화

You <u>don't have to</u> record all the _____s .

모든 대화들을 다 기록할 필요는 없어.

2 관계

You <u>don't have to</u> worry about _____ with friends.

너는 친구 관계에 대해 걱정할 필요가 없어.

Is the boy talking to himself?

Oh, he's talking on the phone.

He's wearing **wireless earphones**.

Now they are very common **accessories**.

They look cool and **convenient**.

But we should **take breaks** from them at school and home.

Without them, we can start more **conversations** and **focus** better on our **relationships**.

We don't have to be with our **earphones all the time**, do we?

talk 말하다
common 흔한
school 학교
home 집, 집에서
start 시작하다
better 더 나은, 더 잘

Quiz

밑줄 친 them이 가리키는 것은 (wireless earphones | smartphones) 이다.

정답 wireless earphones

Comprehension

1 글의 제목으로 가장 알맞은 것을 고르세요.

중심 내용

① 이어폰이 이렇게 편리하다고?

② 이어폰을 잠시 벗어 보자!

③ 스마트폰이 정말 필요하니?

2 글의 내용과 같으면 O, 다르면 ×를 고르세요.

세부 내용

ⓐ 이어폰은 대부분의 학교에서 금지하고 있다.　　　(O | ×)

ⓑ 이어폰이 없다면 대화가 더 많아질 것이다.　　　(O | ×)

3 빈칸에 알맞은 단어를 <Word Box>에서 찾아 쓰세요.

서술형 대비

Word Box　　conversations　　Wireless　　breaks　　convenient

❶ ＿＿＿＿＿＿＿ earphones are very common these days.

❷ They look ＿＿＿＿＿＿＿.

❸ But why don't we take some ＿＿＿＿＿＿ from them?

❹ Then we'll have more ＿＿＿＿＿＿＿.

❺ We don't need them 24/7!

끊어 읽는 법

1. **주어** 구분하기
2. **동사**와 **목적어** 구분하기
3. **수식어** 구분하기

1 Is the boy t_____ to h_____?

그 남자아이는 / 혼잣말을 하고 있니

2 He's _____ _____ earphones.

그는 / 착용하고 있어 / 무선 이어폰을

3 They look _____ and _____.

그것들은 / 보여 / 멋져 / 그리고 편리해

4 We _____ take _____ from them at school.

우리는 / 휴식을 취해야 해 / 그것들로부터 / 학교에서

5 We can _____ better on our _____.

우리는 / 집중할 수 있어 / 더 잘 / 우리의 관계들에

Check 패턴을 보고 알맞은 단어를 고르세요.

don't[doesn't] have to + 동사원형 ~할 필요는 없다, ~해야 되는 건 아니다

❶ You don't have to (turn | turning) off your cell phone.

너는 네 휴대전화를 꺼야 되는 건 아니야.

❷ She doesn't (has | have) to buy new wireless earphones.

그녀는 새 무선 이어폰을 살 필요는 없어.

Word Review

빈칸에 단어의 뜻을 써 보세요.

UNIT 13

1	style	
2	outdoors	
3	comfort	
4	ordinary	
5	bed	
6	kitchen	
7	bathroom	
8	electricity	
9	Internet	
10	site	

UNIT 15

1	refuse	
2	plastic bag	
3	reduce	
4	packaging	
5	reuse	
6	container	
7	recycle	
8	trash	
9	recyclable	
10	rot	

UNIT 14

1	streetlight	
2	sign	
3	pollution	
4	environmental	
5	issue	
6	affect	
7	turtle	
8	confuse	
9	lead	
10	road	

UNIT 16

1	wireless	
2	earphone	
3	accessory	
4	convenient	
5	take a break	
6	without	
7	conversation	
8	focus	
9	relationship	
10	all the time	

▶ 정답은 p65, p69, p73, p77를 참고하세요.

MEMO

바빠  초등

영어 리딩 2

받아쓰기 연습

① QR코드로 받아쓰기 음원을 듣고 빈칸에 단어를 채워 보세요.

② 정답을 확인한 후, 틀린 부분만 집중해서 다시 들어 보면 최고!

틀린 문제를 스스로 확인하는 습관을 들이면, 아무리 바쁘더라도 공부 실력을 키울 수 있어요!

Did French People Make French Fries?

본문 음원

*들려주는 문장을 잘 듣고, 빈칸에 알맞은 단어를 써 보세요.

Who _____ _____ fries first?

Some say France _____ in 1772.

French people ate _____ at that time.

And French fries _____ _____.

Others say _____ was the first country.

Around 1680, fried fish _____ popular, but there

weren't _____ fish.

So Belgian people used _____ _____.

Belgians _____ them into fish shapes and _____

them.

Are _____ fries from France or _____?

▶ 정답은 p12에서 확인하세요.

Do You Drink or Eat Chocolate?

본문 음원

＊들려주는 문장을 잘 듣고, 빈칸에 알맞은 단어를 써 보세요.

Chocolate _____ _____ the seeds of the cacao tree.

Long ago, people in Mexico _____ these seeds.

Then, the people _____ them and _____ them in water.

And they _____ it!

It was bitter, but people _____ this mysterious drink.

Later, Europeans _____ it and _____ it chocolate.

This chocolate _____.

People _____ butter and sugar.

It _____ hard and sweet.

▶ 정답은 p16에서 확인하세요.

Is a Fever a Good Sign?

본문 음원

＊들려주는 문장을 잘 듣고, 빈칸에 알맞은 단어를 써 보세요.

You _____ _____ and look healthy now.

So your body temperature is around 36.5℃.

But you _____ _____ now.

Your body will get hot.

_____ blood cells in your body fight against germs.

They _____ and _____ germs.

And your body creates a fever.

Germs become weak due to _____ temperatures.

Your white blood cells and body _____ winning over germs together!

▶ 정답은 p20에서 확인하세요.

Do You Know Food Pairing?

*들려주는 문장을 잘 듣고, 빈칸에 알맞은 단어를 써 보세요.

There is a _____ "Let food be your medicine."

Healthy food is _____ _____ you.

But some foods go well together while _____ _____.

For example, sweet potatoes and apples make a _____ combination.

Sweet potatoes cause gas, but apples _____ _____ it.

However, don't _____ carrots and cucumbers together.

_____ destroy the vitamin C in cucumbers.

Warm carrots _____ okay though. Phew!

▶ 정답은 p24에서 확인하세요.

Do You Take Showers, Insects?

본문 음원

*들려주는 문장을 잘 듣고, 빈칸에 알맞은 단어를 써 보세요.

Insects wash their _____.

What do they _____ _____?

They sense their surroundings with their eyes and antennae.

So they _____ clean these parts.

So _____ do they clean their bodies?

Some insects use their _____ or _____.

For example, _____ wash their big eyes with their front legs.

Crickets _____ their long antennae and _____ them.

Bees _____ the hairs on their front legs and _____ their antennae.

▶ 정답은 p30에서 확인하세요.

The Amazing Transformation of Horses

본문 음원

＊들려주는 문장을 잘 듣고, 빈칸에 알맞은 단어를 써 보세요.

Horses _____ much smaller and had many toes.

They _____ in forests.

The forests _____ _____ due to climate change.

Horses moved to the grasslands and grew _____.

But _____ _____ many enemies.

So horses had to run _____ and _____.

Their legs, and especially their middle toes, became _____.

Their other _____ got smaller and disappeared.

So now horses only have _____ _____!

▶ 정답은 p34에서 확인하세요.

A Gorilla's Life in the Wild

＊들려주는 문장을 잘 듣고, 빈칸에 알맞은 단어를 써 보세요.

본문 음원

_____ live in groups of about 10.

Gorillas _____ branches and leaves every day and _____ beds.

Baby and female gorillas _____ in trees.

They _____ stay safe and warm.

Male gorillas sleep _____ the ground.

They protect their _____ from any possible threats.

Gorillas _____ about 30 kg of food a day.

They eat mostly plants and sometimes _____ like ants and snails.

▶ 정답은 p38에서 확인하세요.

Crickets: The Tiny Musicians of Fall

＊들려주는 문장을 잘 듣고, 빈칸에 알맞은 단어를 써 보세요.

On a _____ night, what do you hear?

You may _____ the sound of crickets.

You _____ hear it from mid-August to the end of October.

Inside their _____ front wing, there is a rough line.

And on the outside of their _____ front wing, there is a bumpy part.

These wings rub against _____ _____.

This _____ a sound!

It's just like playing the violin, _____ _____?

▶ 정답은 p42에서 확인하세요.

Midnight Grapes in Spain

*들려주는 문장을 잘 듣고, 빈칸에 알맞은 단어를 써 보세요.

본문 음원

Last _____, I traveled to Barcelona.

Many people _____ _____ special fruit cups.

_____ _____ 12 grapes in each cup.

My Spanish friends _____ _____ about their New Year's tradition.

They listen the sound of 12 bells at midnight on New Year's Eve.

People eat _____ _____ _____ by one along with the sound of the bell!

_____ _____ means a wish for each month of the upcoming year.

▶ 정답은 p48에서 확인하세요.

Pyramids: Tombs of Ancient Kings

본문 음원

＊들려주는 문장을 잘 듣고, 빈칸에 알맞은 단어를 써 보세요.

Pyramids are _____ for Egyptian kings.

The Egyptians _____ _____ another world after death.

So they made mummies and _____ bodies safe for their spirits.

The pyramids _____ the mummies of kings and queens.

And you can see the Sphinx ____ _____ ____ the pyramids.

It's a _____ with a lion's _____ and a human _____.

It shows the king's great _____.

▶ 정답은 p52에서 확인하세요.

Chewy Delight: Turkish Ice Cream

＊들려주는 문장을 잘 듣고, 빈칸에 알맞은 단어를 써 보세요.

본문 음원

Dondurma is traditional Turkish _____ _____.

It means "_____" in Turkish.

It can stretch _____ _____ _____ your arm!

The secret is a resin from the mastic tree.

It _____ ice cream stretchy and chewy.

And *salep* powder is _____ key.

This _____ the ice cream firm, so it doesn't _____ easily.

It can even last up to _____ _____!

▶ 정답은 p56에서 확인하세요.

The Journey of Our ABCs

본문 음원

＊들려주는 문장을 잘 듣고, 빈칸에 알맞은 단어를 써 보세요.

Phoenicia was ＿＿ ＿＿＿＿ in the Mediterranean Sea.

The Phoenicians ＿＿＿＿ and ＿＿＿＿ things like wood, cloth, and glass.

＿＿＿＿＿ ＿＿＿＿＿＿ the types and amounts of goods.

But the letters were ＿＿＿＿ ＿＿＿＿.

So the Phoenicians ＿＿＿＿＿＿ 22 new letters.

These ＿＿＿＿＿＿ ＿＿＿＿ Greece and then to Rome.

People made some changes, and the letters became the Roman ＿＿＿＿＿.

This Roman alphabet is ＿＿＿＿＿ ＿＿＿＿ today!

▶ 정답은 p60에서 확인하세요.

Go Camping without a Tent!

* 들려주는 문장을 잘 듣고, 빈칸에 알맞은 단어를 써 보세요.

본문 음원

_____ is a new style of _____.

The word is a _____ of "glamorous" and "camping."

You _____ _____ in the great outdoors just like traditional camping.

But you will have _____ _____ _____ an ordinary tent.

There are a clean bed, a _____, and a _____.

And you can use _____ and the Internet at most glamping sites.

So _____ _____ you say to glamping?

▶ 정답은 p66에서 확인하세요.

We Want Dark Skies at Night!

*들려주는 문장을 잘 듣고, 빈칸에 알맞은 단어를 써 보세요.

It's _____, but it's still bright outside.

There are _____ _____ and outdoor signs.

They are light _____.

It's one of today's environmental problems.

People have _____ problems and other health issues.

It also _____ animals.

For example, _____ _____ _____ find their way to the ocean.

They _____ moonlight or starlight.

But city lights _____ _____ them, lead them to city roads, and kill them.

▶ 정답은 p70에서 확인하세요.

Go Green with the 5 R's!

본문 음원

＊들려주는 문장을 잘 듣고, 빈칸에 알맞은 단어를 써 보세요.

_____ _____ _____ the 5 R's for the environment?

_____ check them out.

1. _____: Say no to straws and plastic bags.

2. _____: Buy less and buy things with less packaging.

3. _____: Reuse glass and plastic containers.

4. _____: About 70% of all trash is recyclable.

5. _____: Food waste can be useful as animal food or fertilizer.

Which R _____ the _____ to you?

_____ that one today!

▶ 정답은 p74에서 확인하세요.

Are Earphones Necessary?

본문 음원

*들려주는 문장을 잘 듣고, 빈칸에 알맞은 단어를 써 보세요.

Is the boy _____ to himself?

Oh, he's talking on the phone.

_____ _____ wireless earphones.

Now they are very _____ _____.

They look cool and _____.

But we _____ _____ _____ from them
at school and home.

_____ _____, we can start more conversations
and _____ _____ on our relationships.

We _____ _____ _____ be with our earphones
all the time, do we?

▶ 정답은 p78에서 확인하세요.

MEMO

바빠 초등

영어 리딩 2
정답 및 해석

① 정답을 확인한 후 틀린 문제는 ★표를 쳐 놓으세요.

② 틀린 문제는 다시 한 번 풀어 보세요.

내가 틀린 문제를 스스로 확인하는 습관을 들이면, 아무리 바쁘더라도 공부 실력을 키울 수 있어요!

Did French People Make French Fries?

Word	▶11쪽	❶ fry	❷ enough	❸ make	❹ become
		❺ instead	❻ Belgium	❼ cut	❽ French

Sentence	▶11쪽	❶ were common	❷ wasn't, potato

Comprehension	▶13쪽	1 ① 2 ⓐ × ⓑ ○ 3 ❶ started, became ❷ popular, used

Chunk	▶14쪽	1 made	2 ate
		3 country	4 enough fish
		5 cut, shapes	

Check	▶14쪽	❶ were	❷ wasn't

🐶 Story 문장 해석

Who made French fries first?
누가 감자튀김을 최초로 만들었어?

Some say France did in 1772.
어떤 사람들은 프랑스가 1772년에 만들었대.

French people ate potatoes at that time.
프랑스 사람들은 그 당시에 감자를 먹었어.

And French fries became common.
그리고 감자튀김은 흔해졌어.

Others say Belgium was the first country.
다른 사람들은 벨기에가 최초의 나라였다고 말해.

Around 1680, fried fish was popular, but there weren't enough fish.
1680년쯤, 생선튀김이 유명했어, 그러나 생선이 충분하지 않았어.

So Belgian people used potatoes instead.
그래서 벨기에 사람들은 대신 감자를 썼어.

Belgians cut them into fish shapes and fried them.
벨기에 사람들은 그것들(감자)을 물고기 모양으로 잘랐고 그것들(물고기 모양 감자)을 튀겼어.

Are French fries from France or Belgium?
감자튀김은 프랑스 것일까, 벨기에 것일까?

Do You Drink or Eat Chocolate?

| **Word** | ▶15쪽 | ❶ grind | ❷ mysterious | ❸ drink | ❹ bitter |
| | | ❺ name | ❻ add | ❼ put | ❽ European |

Sentence ▶15쪽 ❶ dried, seeds ❷ became hard

Comprehension ▶17쪽 1 ② 2 ⓐ ○ ⓑ ✕ 3 ❶ dried, drank ❷ named, became

Chunk	▶18쪽	1 seeds	2 ground, put
		3 enjoyed, mysterious	4 named
		5 became hard	

Check ▶18쪽 ❶ added ❷ loved

🐶 Story 문장 해석

Chocolate is from the seeds of the cacao tree.
초콜릿은 카카오나무의 씨앗들에서 나와.

Long ago, people in Mexico dried these seeds.
오래전, 멕시코 사람들은 이 씨앗들을 말렸어.

Then, the people ground them and put them in water.
그다음 그 사람들(멕시코 사람들)은 그것들(말린 씨앗들)을 갈았고, 그것들(갈린 씨앗들)을 물에 넣었어.

And they drank it!
그리고 그들(멕시코 사람들)은 그것(그 물)을 마셨어!

It was bitter, but people enjoyed this mysterious drink.
그것(씨앗 물)은 썼지만 사람들은 이 신비로운 음료를 즐겼어.

Later, Europeans loved it and named it chocolate.
나중에, 유럽 사람들은 그것(그 음료)을 정말 좋아했고, 그것을 초콜릿이라고 이름 지었어.

This chocolate changed.
이 초콜릿은 달라졌어.

People added butter and sugar.
사람들은 버터와 설탕을 추가했어.

It became hard and sweet.
그것(초콜릿)은 단단해지고 달콤해졌어.

| Word | ▶19쪽 | ❶ fight | ❷ create | ❸ win | ❹ temperature |
| | | ❺ against | ❻ surround | ❼ fever | ❽ kill |

| Sentence | ▶19쪽 | ❶ look healthy | ❷ feel weak |

| Comprehension | ▶21쪽 | 1 ②   2 ⓐ ○ ⓑ ✕
 3 ❶ temperature ❷ against ❸ surround ❹ fever |

| Chunk | ▶22쪽 | 1 good, healthy   2 hot
 3 fight against   4 surround, germs
 5 weak, high |

| Check | ▶22쪽 | ❶ good   ❷ happy |

Story 문장 해석

You feel good and look healthy now.
너는 지금 기분이 좋고 건강해 보여.

So your body temperature is around 36.5℃.
그래서 너의 체온은 약 36.5℃야.

But you feel sick now.
그러나 너는 지금 아파.

Your body will get hot.
네 몸은 뜨거워질 거야.

White blood cells in your body fight against germs.
너의 몸 안에서 백혈구들은 세균들과 맞서 싸워.

They surround and kill germs.
그들(백혈구들)은 둘러싸서 세균들을 죽여.

And your body creates a fever.
그리고 네 몸은 열을 만들어.

Germs become weak due to high temperatures.
세균들은 높은 온도 때문에 약해지게 돼.

Your white blood cells and body are winning over germs together!
네 백혈구들과 몸은 함께 세균들을 이겨내!

Do You Know Food Pairing?

Word	▶23쪽	❶ though	❷ saying	❸ cucumber	❹ cause
		❺ while	❻ destroy	❼ go well	❽ sweet potato

Sentence	▶23쪽	❶ combination	❷ medicine

Comprehension	▶25쪽	1 ③ 2 ⓐ ○ ⓑ ✕ 3 ❶ go, cause ❷ helpful, destroy

Chunk	▶26쪽	1 Healthy	2 well, while
		3 combination	4 Sweet potatoes cause
		5 destroy	

Check	▶26쪽	❶ Some	❷ others

🐶 Story 문장 해석

There is a saying "Let food be your medicine."
'음식이 네 약이 될 수 있어'라는 속담이 있어.

Healthy food is good for you.
건강한 음식은 너에게 좋아.

But some foods go well together while others don't.
그러나 어떤 음식들은 함께 잘 어울리고 반면에 다른 것들은 그렇지 않아.

For example, sweet potatoes and apples make a good combination.
예를 들어, 고구마와 사과는 좋은 조합을 이뤄.

Sweet potatoes cause gas, but apples can stop it.
고구마는 가스를 유발하지만, 사과는 그것(가스)을 멈출 수 있어.

However, don't eat carrots and cucumbers together.
하지만 당근과 오이는 함께 먹지 마.

Carrots destroy the vitamin C in cucumbers.
당근은 오이에 있는 비타민C를 파괴해.

Warm carrots are okay though. Phew!
하지만 익힌 당근은 좋아. 후유!

Do You Take Showers, Insects?

Word	▶29쪽	❶ bite	❷ surroundings	❸ bee	❹ cricket
		❺ sense	❻ dragonfly	❼ front	❽ clean

Sentence ▶29쪽   ❶ insects   ❷ wash

Comprehension ▶31쪽   1 ②   2 ⓐ × ⓑ ○   3 ❶ body ❷ front ❸ bite ❹ hairs

Chunk ▶32쪽

1 sense, surroundings   2 often clean
3 insects, mouth   4 wash, front
5 bite, long

Check ▶32쪽   ❶ How   ❷ What

🐶 Story 문장 해석

Insects wash their bodies.
곤충들은 그들(곤충들)의 몸을 씻어.

What do they usually clean?
그들(곤충들)은 보통 무엇을 닦을까?

They sense their surroundings with their eyes and antennae.
그들(곤충들)은 그들(곤충들)의 눈과 더듬이로 그들(곤충들)의 환경을 감지해.

So they often clean these parts.
그래서 그들(곤충들)은 보통 이 부위들(눈과 더듬이)을 닦아.

So how do they clean their bodies?
그럼 그들(곤충들)은 어떻게 그들의 몸을 닦을까?

Some insects use their legs or mouth.
어떤 곤충들은 그들의 다리나 입을 사용해.

For example, dragonflies wash their big eyes with their front legs.
예를 들어, 잠자리들은 그들의 앞다리로 큰 눈을 씻어.

Crickets bite their long antennae and clean them.
귀뚜라미들은 그들의 긴 더듬이를 물어서 그것들(더듬이)을 닦아.

Bees use the hairs on their front legs and wash their antennae.
벌들은 그들의 앞다리 털을 사용해서 그들의 더듬이를 씻어.

UNIT 06 The Amazing Transformation of Horses

Word ▶33쪽
❶ forest ❷ due to ❸ much ❹ especially
❺ have to ❻ disappear ❼ enemy ❽ climate

Sentence ▶33쪽
❶ toes, smaller ❷ grasslands, bigger

Comprehension ▶35쪽
1 ② 2 ⓐ ○ ⓑ ○
3 ❷ bigger ❸ far ❹ stronger ❺ disappeared

Chunk ▶36쪽
1 smaller, toes 2 forests, climate
3 were, enemies 4 had
5 other, disappeared

Check ▶36쪽
❶ smaller ❷ stronger

🐶 Story 문장 해석

Horses were much smaller and had many toes.
말들은 훨씬 더 작았고, 많은 발가락들이 있었어.

They lived in forests.
그들(말들)은 숲에 살았지.

The forests became smaller due to climate change.
숲이 기후 변화 때문에 더 작아졌어.

Horses moved to the grasslands and grew bigger.
말들은 들판으로 이동했고, 더 크게 자랐어.

But they had many enemies.
그러나 많은 적들이 있었어.

So horses had to run fast and far.
말들은 빠르고 멀리 달려야만 했어.

Their legs, and especially their middle toes, became stronger.
그들(말들)의 다리와 특히 가운데 발가락이 더 강해졌어.

Their other toes got smaller and disappeared.
그들(말들)의 다른 발가락들은 더 작아지더니 사라졌어.

So now horses only have one toe!
그래서 이제 말들은 발가락이 하나뿐이야!

A Gorilla's Life in the Wild

Word	▶37쪽	❶ protect ❷ possible ❸ plant ❹ group ❺ threat ❻ ground ❼ collect ❽ female
Sentence	▶37쪽	❶ branches ❷ Male
Comprehension	▶39쪽	1 ① 2 ⓐ × ⓑ × 3 ❶ How, collect ❷ Where ❸ plants
Chunk	▶40쪽	**1** groups, about **2** collect branches **3** stay safe **4** protect, threats **5** a day
Check	▶40쪽	❶ on ❷ in

Story 문장 해석

Gorillas live in groups of about 10.
고릴라들은 약 10마리의 무리를 지어 살아.

Gorillas collect branches and leaves every day and make beds.
고릴라들은 매일 나뭇가지와 잎을 모아 침대를 만들어.

Baby and female gorillas sleep in tress.
아기와 암컷 고릴라들은 나무에서 자.

They can stay safe and warm.
그들은 안전하고 따뜻하게 지낼 수 있어.

Male gorillas sleep on the ground.
수컷 고릴라들은 땅바닥에서 자.

They protect their families from any possible threats.
그들(수컷 고릴라들)은 가능한 모든 위협들로부터 그들의 가족을 보호해.

Gorillas eat about 30 kg of food a day.
고릴라들은 하루에 약 30kg의 음식을 먹어.

They eat mostly plants and sometimes bugs like ants and snails.
그들은 대부분 식물들을 먹고, 때때로 개미나 달팽이 같은 벌레를 먹어.

Crickets: The Tiny Musicians of Fall

Word	▶41쪽	① sound	② mid	③ fall	④ outside
		⑤ bumpy	⑥ each other	⑦ hear	⑧ rough

Sentence	▶41쪽	① wings	② rub		

Comprehension	▶43쪽	1 ③	2 ⓐ ✕ ⓑ ✕	3 ① rough ② bumpy ③ rub ④ crickets

Chunk	▶44쪽	1 may hear	2 from, end
		3 wing, rough	4 These, rub
		5 playing, isn't	

Check	▶44쪽	① isn't	② is

🐶 Story 문장 해석

On a fall night, what do you hear?
가을밤에, 너는 무엇이 들리니?

You may hear the sound of crickets.
너는 귀뚜라미 소리를 들을 수도 있어.

You can hear it from mid-August to the end of October.
너는 8월 중순부터 10월 말까지 그것(귀뚜라미 소리)을 들을 수 있어.

Inside their right front wing, there is a rough line.
그들(귀뚜라미)의 오른쪽 앞날개 안쪽에, 거친 선이 있어.

And on the outside of their left front wing, there is a bumpy part.
그리고 그들(귀뚜라미)의 왼쪽 앞날개 바깥쪽에, 오돌토돌한 부분이 있어.

These wings rub against each other.
이 날개들은 서로 문질러.

This makes a sound!
이것은 소리를 만들어!

It's just like playing the violin, isn't it?
그것은 바이올린을 연주하는 것 같아, 그렇지 않아?

UNIT 09 Midnight Grapes in Spain

| **Word** | ▶47쪽 | ❶ wish | ❷ upcoming | ❸ sell | ❹ last |
| | | ❺ bell | ❻ mean | ❼ tradition | ❽ Spanish |

| **Sentence** | ▶47쪽 | ❶ traveled | ❷ midnight | | |

| **Comprehension** | ▶49쪽 | 1 ③ | 2 ⓐ × ⓑ ○ | 3 ❶ grapes ❸ bells ❹ cup ❺ wish | |

Chunk	▶50쪽	1 Last, traveled	2 Many, special
		3 There were	4 Spanish, tradition
		5 Each, means	

| **Check** | ▶50쪽 | ❶ at | ❷ on | |

Story 문장 해석

Last December, I traveled to Barcelona.
지난 12월, 나는 바르셀로나로 여행을 갔어.

Many people were selling special fruit cups.
많은 사람들이 특별한 과일 컵들을 팔고 있었어.

There were 12 grapes in each cup.
각 컵에는 12개의 포도알들이 있었어.

My Spanish friends told me about their New Year's tradition.
나의 스페인 친구들은 나에게 그들(스페인 사람들)의 새해 전통에 대해 말해 줬어.

They listen to the sound of 12 bells at midnight on New Year's Eve.
그들(스페인 사람들)은 새해 전날 자정에 12번의 종소리를 들어.

People eat the grapes one by one along with the sound of the bell!
사람들(스페인 사람들)은 종소리에 맞춰 포도를 한 개씩 먹어!

Each grape means a wish for each month of the upcoming year.
각각의 포도알은 다가올 새해의 각 달에 대한 소원을 의미해.

Pyramids: Tombs of Ancient Kings

Word	▶51쪽	❶ death	❷ human	❸ spirit	❹ in front of
		❺ Egyptian	❻ mummy	❼ power	❽ believe in

Sentence ▶51쪽 ❶ tomb ❷ statue

Comprehension ▶53쪽 1 ② 2 ⓐ ○ ⓑ ✕ 3 ❶ tombs ❷ mummies ❸ statue ❹ power

Chunk ▶54쪽
1 tombs, kings 2 believed in
3 safe, spirits 4 front
5 statue, human

Check ▶54쪽 ❶ king's ❷ their

🐶 Story 문장 해석

Pyramids are tombs for Egyptian kings.
피라미드들은 이집트의 왕들의 무덤들이야.

The Egyptians believed in another world after death.
이집트인들은 죽음 이후 다른 세계를 믿었어.

So they made mummies and kept bodies safe for their spirits.
그래서 그들(이집트인들)은 미라들을 만들었고, 그들(이집트인들)의 영혼들을 위해 몸을 안전하게 지켰어.

The pyramids kept the mummies of kings and queens.
피라미드들은 왕들과 왕비들의 미라들을 지켰어.

And you can see the Sphinx in front of the pyramids.
그리고 너는 피라미드 앞에서 스핑크스를 볼 수 있어.

It's a statue with a lion's body and a human head.
그것(스핑크스)은 사자의 몸과 사람의 머리를 가진 조각상이야.

It shows the king's great power.
그것(스핑크스)은 왕의 거대한 힘을 보여 줘.

Chewy Delight: Turkish Ice Cream

Word	▶55쪽	❶ Turkish	❷ last	❸ traditional	❹ frozen
		❺ chewy	❻ powder	❼ up to	❽ melt

Sentence	▶55쪽	❶ stretchy	❷ firm

Comprehension	▶57쪽	1 ② 2 ⓐ ○ ⓑ ✕ 3 ❶ traditional ❷ stretchy ❸ firm ❹ melt

Chunk	▶58쪽	**1** means, in **2** can, long
		3 makes, chewy **4** another key
		5 doesn't melt

Check	▶58쪽	❶ firm	❷ it stretchy

🐶 Story 문장 해석

Dondurma is traditional Turkish ice cream.
돈두르마는 전통적인 튀르키예 아이스크림이야.

It means "frozen" in Turkish.
그것은 튀르키예어로 '언'을 의미해.

It can stretch as long as your arm!
그것은 너의 팔만큼 길게 늘어날 수 있어!

The secret is a resin from the mastic tree.
그 비밀은 유향나무에서 나온 진액이야.

It makes ice cream stretchy and chewy.
그것(진액)은 아이스크림을 잘 늘어나고 쫄깃하게 만들어.

And *salep* powder is another key.
그리고 살렙 가루는 또 다른 비결이야.

This makes the ice cream firm, so it doesn't melt easily.
이것(살렙 가루)은 아이스크림을 단단하게 만들어, 그래서 그것(아이스크림)은 쉽게 녹지 않아.

It can even last up to 3 days!
그것(아이스크림)은 심지어 3일까지 지속될 수 있어!

Word	▶59쪽	❶ Greece	❷ amount	❸ goods	❹ type
		❺ spread	❻ Rome	❼ wood	❽ letter

Sentence	▶59쪽	❶ sailed	❷ recorded

Comprehension	▶61쪽	1 ① 2 ⓐ × ⓑ ○ 3 ❶ sailed ❷ recorded ❸ difficult ❹ letters

Chunk	▶62쪽	**1** was, country **2** recorded, amounts **3** letters, too **4** new **5** These spread

Check	▶62쪽	❶ sailed ❷ difficult

🐶 Story 문장 해석

Phoenicia was a country in the Mediterranean Sea.
페니키아는 지중해에 있는 나라였어.

The Phoenicians sailed and sold things like wood, cloth, and glass.
페니키아인들은 항해했고, 나무, 천, 유리 같은 물건들을 팔았어.

They recorded the types and amounts of goods.
그들(페니키아인들)은 상품의 유형들과 수량들을 기록했어.

But the letters were too hard.
그러나 글자들이 너무 어려웠어.

So the Phoenicians created 22 new letters.
그래서 페니키아인들은 22개의 새 글자들을 만들었어.

These spread to Greece and then to Rome.
이것들(22개의 새 글자들)은 그리스로 그런 다음 로마로 퍼졌어.

People made some changes, and the letters became the Roman alphabet.
사람들은 몇 가지를 바꾸었고, 그 글자들은 로마 알파벳이 되었어.

This Roman alphabet is English letters today!
이 로마 알파벳이 오늘날의 영어 글자야!

Go Camping without a Tent!

Word	▶65쪽	❶ site	❷ style	❸ bathroom	❹ comfort
		❺ bed	❻ outdoors	❼ Internet	❽ ordinary

Sentence	▶65쪽	❶ electricity	❷ kitchen

Comprehension	▶67쪽	1 ② 2 ⓐ × ⓑ ×
		3 ❶ Glamorous ❷ outdoors ❸ use ❹ Internet

Chunk	▶68쪽	**1** word, combination	**2** outdoors, traditional
		3 comfort, ordinary	**4** clean, bathroom
		5 sites	

Check	▶68쪽	❶ fun	❷ comfort

🐾 Story 문장 해석

Glamping is a new style of camping.
글램핑은 캠핑의 새로운 스타일이야.

The word is a combination of "glamorous" and "camping."
그 단어(글램핑)는 '화려한'과 '캠핑'의 조합이야.

You will sleep in the great outdoors just like traditional camping.
너는 전통적인 캠핑처럼 멋진 야외에서 잘 거야.

But you will have more comfort than an ordinary tent.
그러나 너는 일반적인 텐트보다 더 많은 편안함을 가지게 될 거야.

There are a clean bed, a kitchen, and a bathroom.
깨끗한 침대, 주방, 그리고 화장실이 있어.

And you can use electricity and the Internet at most glamping sites.
그리고 너는 전기와 인터넷을 대부분의 글램핑 장소들에서 사용할 수 있어.

So what do you say to glamping?
그래서 너는 글램핑 어때?

We Want Dark Skies at Night!

Word	▶69쪽	❶ turtle	❷ issue	❸ streetlight	❹ affect
		❺ lead	❻ road	❼ environmental	❽ confuse

| Sentence | ▶69쪽 | ❶ sign | ❷ pollution | | |

| Comprehension | ▶71쪽 | 1 ② | 2 ⓐ ○ ⓑ ✕ | 3 ❶ signs, pollution ❷ affects ❹ ocean |

Chunk	▶72쪽	1 midnight, bright	2 streetlights, signs
		3 one, environmental	4 find, ocean
		5 confuse, lead	

| Check | ▶72쪽 | ❶ issues | ❷ problems |

Story 문장 해석

It's midnight, but it's still bright outside.
자정이야, 그러나 여전히 바깥은 밝아.

There are many streetlights and outdoor signs.
많은 가로등과 옥외 간판들이 있어.

They are light pollution.
그것들(가로등과 간판들)은 빛 공해야.

It's one of today's environmental problems.
그것(빛 공해)은 오늘날의 환경적인 문제들 중 하나지.

People have sleeping problems and other health issues.
사람들에게는 수면 문제와 다른 건강 문제가 있어.

It also affects animals.
그것(빛 공해)은 또한 동물들에도 영향을 줘.

For example, baby sea turtles find their way to the ocean.
예를 들어, 아기 바다거북들은 바다로 가는 그들의 길을 찾아.

They use the moonlight or starlight.
그들(아기 바닥거북)은 달빛 또는 별빛을 이용해.

But city lights can confuse them, lead them to city roads, and kill them.
그러나 도시 빛들은 그들을 혼란스럽게 해, 그들을 도시의 도로로 이끌고, 그들을 죽이지.

Go Green with the 5 R's!

Word	▶73쪽	❶ reuse ❷ container ❸ reduce ❹ plastic bag			
		❺ recyclable ❻ rot ❼ recycle ❽ refuse			

Sentence	▶73쪽	❶ packaging ❷ trash	

Comprehension ▶75쪽

1 ③   2 ⓐ × ⓑ ○
3 ❶ Refuse ❷ packaging ❸ containers ❹ trash

Chunk ▶76쪽

1 no, plastic   **2** less, packaging
3 Reuse, containers   **4** Food waste
5 Which, easiest

Check ▶76쪽   ❶ easiest   ❷ hardest

🐾 Story 문장 해석

Do you know the 5 R's for the environment?
너는 환경을 위한 5Rs를 아니?

Let's check them out.
그것들(5 R's)을 확인해 보자.

1. Refuse: Say no to straws and plastic bags.
1. 거절해라: 빨대들과 비닐봉지들을 거절해라.

2. Reduce: Buy less and buy things with less packaging.
2. 줄여라: 덜 사고 포장을 덜한 물건들을 사라.

3. Reuse: Reuse glass and plastic containers.
3. 재사용해라: 유리와 플라스틱 용기를 재사용해라.

4. Recycle: About 70% of all trash is recyclable.
4. 재활용해라: 전체 쓰레기의 약 70%는 재활용할 수 있어.

5. Rot: Food waste can be useful as animal food or fertilizer.
5. 썩혀라: 음식물 쓰레기는 동물 음식이나 비료로 유용할 수 있어.

Which R looks the easiest to you? Try that one today!
어떤 R(거절, 줄이기, 재사용, 재활용, 썩히기)이 너에게 가장 쉽게 보이니? 오늘 그것 하나를 시도해 봐!

Are Earphones Necessary?

Word	▶77쪽	❶ accessory ❷ focus ❸ take a break ❹ convenient ❺ all the time ❻ wireless ❼ earphone ❽ without

Sentence	▶77쪽	❶ don't have to, conversations ❷ don't have to, relationship

Comprehension	▶79쪽	1 ② 2 ⓐ ✕ ⓑ ○ 3 ❶ Wireless ❷ convenient ❸ breaks ❹ conversations

Chunk	▶80쪽	1 talking, himself 2 wearing wireless 3 cool, convenient 4 should, breaks 5 focus, relationships

Check	▶80쪽	❶ turn ❷ have

🐶 Story 문장 해석

Is the boy talking to himself?
그 남자아이는 혼잣말을 하고 있니?

Oh, he's talking on the phone.
아, 그는 전화하는 중이구나.

He's wearing wireless earphones.
그는 무선 이어폰을 착용하고 있어.

Now they are very common accessories.
지금 그것들은 아주 흔한 액세서리야.

They look cool and convenient.
그것들은 멋지고 편리해 보여.

But we should take breaks from them at school and home.
그러나 우리는 학교와 집에서 그것들(무선 이어폰)로부터 휴식을 취해야 해.

Without them, we can start more conversations and focus better on our relationships.
그것들(무선 이어폰) 없이, 우리는 더 많은 대화를 할 수 있고, 우리 관계들에 더 집중할 수 있어.

We don't have to be with our earphones all the time, do we?
우리가 항상 이어폰과 같이 있을 필요는 없어, 그렇지?

문법 용어 🔍 점검하기

1 품사

단어는 성격에 따라 총 8가지 종류로 나뉘어요! 어떤 역할들을 하는지 하나씩 살펴보세요.

| 명사 | 사람, 사물, 동물 등의 이름을 나타내는 말
예 stomach, yolk, baby, bone 등 |

| 대명사 | 명사를 대신해서 쓰는 말로, 한 문장에서 같은 단어가 반복되는 것을 피할 수 있어요.
예 I, you, he, she 등 |

| 동사 | 사람이나 사물의 동작, 상태를 나타내는 말
예 love, have, grow, eat 등 |

| 형용사 | 사람이나 사물의 상태나 성질이 어떠한지 서술하거나 꾸며 주는 말
예 sweet, tasty, dangerous 등 |

| 부사 | 동사, 형용사, 또는 다른 부사나 문장 전체를 꾸며 주는 말
예 well, fast, early, sadly 등 |

| 전치사 | 명사나 대명사 앞에 놓여 다른 명사나 대명사와 관계(장소나 시간)를 나타내는 말
예 for, in, at, on, after, about 등 |

| 접속사 | 두 단어나 문장을 이어 주는 말
예 and, but, or, so 등 |

| 감탄사 | 감탄하는 느낌을 나타내는 말
예 Wow!, Aha!, Oops! 등 |

헷갈렸던 용어들은 다시 읽어 보세요!

② 문장 성분

문장을 만들려면 단어를 규칙에 따라 배열해야 해요. 아무렇게 단어를 나열하면 문장이라고 할 수 없어요.
가장 기본적인 문장 성분인 '주어'와 '서술어(동사)'부터 차근차근 5가지 문장 성분을 익혀 보세요.
우리말과 다르게 영어는 동사가 주어 바로 뒤에 오니까 그 순서에 주의해 주세요!

주어

'누가', '누구'에 해당하는 동작이나 상태의 주체가 되는 말

예 **Many people** love chocolate.
　　많은 사람들이

서술어

'~한다', '~이다'에 해당하는 주어의 동작이나 상태를 나타내는 말

예 Many people **love** chocolate.
　　　　　　　사랑한다

목적어

'무엇을'에 해당하는 동사의 동작이나 상태의 대상을 나타내는 말

예 Many people love **chocolate**.
　　　　　　　　　　초콜릿을

보어

주어나 목적어를 보충하여 설명하는 말

예 Many people are **busy**.
　　많은 사람들 ◀············ 바쁜

수식어

꾸며 주는 역할을 하는 말로 생략 가능한 말

예 Many people are busy (**in the morning**).
　　　　　　　　　　　　　아침에

> 문장 성분으로 끊어 읽기를 하면 훨씬 더 잘 읽을 수 있어요!
> 리딩 지문을 읽으면서 시도해 보세요!

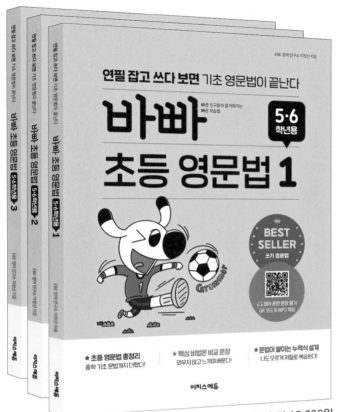

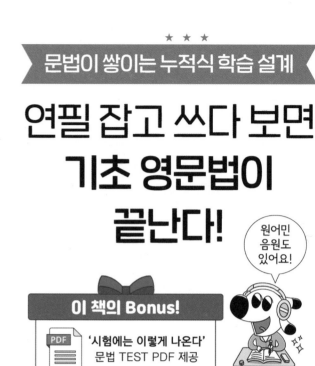

★★★
문법이 쌓이는 누적식 학습 설계

연필 잡고 쓰다 보면 기초 영문법이 끝난다!

원어민 음원도 있어요!

이 책의 Bonus!
'시험에는 이렇게 나온다'
문법 TEST PDF 제공

바빠 초등 영문법 5·6학년용 1~3권 | 각 권 13,000원

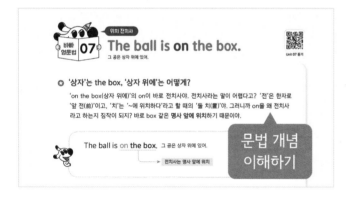

문법 개념 이해하기

문장 비교로 문법 감각 깨우기

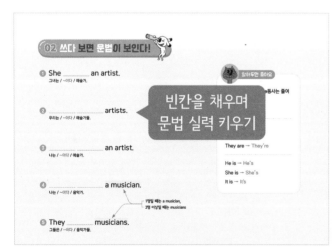

빈칸을 채우며 문법 실력 키우기

문장이 써지면 이 영문법은 OK!

아들이 하고 싶은 문법 교재라며 고른 첫 번째 책! 문법 공부를 스스로 하고 있어요! – 학부모의 찬사